MW01231168

Contenido original del manual:
La Clave Ignorada del Conocimiento

Autores:
Juan Cristóbal Chávez Pacheco
Juan Carlos Chávez Colmenares
Heberto Albornoz

Editado por:
Juan Cristóbal Chávez Pacheco
Miraflores, Lima, Perú.

Diseño de Portada:
Yon Henao Mastermind
www.ether-estudio.com
Medellín, Colombia.

My Talent 360, LLC
www.mytalent360.com
genio@mytalent360.com

Atlanta. GA 2023
© 2020. Todos los derechos reservados.
ISBN: 9798373678841

Guía Práctica
Rational Thinking 360
ACADEMY

Juan Cristóbal Chávez Pacheco

Juan Carlos Chávez Colmenares

ÍNDICE DEL CONTENIDO

GUÍA DEL CURSO RATIONAL THINKING 360
ACADEMY

1.-UNA ESTRUCTURA BÁSICA PROBABLE DEL CONCEPTO CIENTÍFICO EN EL APRENDIZAJE

¿Tienen los conceptos científicos que son objeto de aprendizaje una **estructura** *discernible?*

¿Esa estructura es para cada concepto científico como los mapas mentales **o** *hay una estructura cognitiva* **común** *para ellos?*

En este capítulo nos referimos al concepto científico público (**externo**). La HIPÓTESIS es que **los conceptos escolares científicos públicos tienen una estructura**, pero que es *implícita*. Dicha estructura estaría constituida por CATEGORÍAS CONCEPTUALES específicas, en una RED SEMÁNTICA, con las cuales se puede construir conceptos adecuadamente.

Antes ya se han hecho distinciones entre concepto privado (**interno**) y concepto público (**externo**), concepto **concreto** y concepto **abstracto**. Así mismo, se hizo una distinción entre concepto espontáneo (concreto) y concepto científico (abstracto, enseñado en la escuela). En este capítulo se va a discutir el **concepto científico público** (externo) que se enseña en la Escuela, que como se ha dicho que en general es el abstracto, especialmente en la enseñanza superior.

No siempre los conocimientos viejos son obsoletos. Viejo no es sinónimo de obsoleto. Lo nuevo descansa en lo llamado viejo. MARIO BUNGE hizo hace varios años, en uno de sus primeros libros, una reflexión, muy apropiada para esta propuesta.

La CIENCIA tiende a construir reproducciones conceptuales de las estructuras de los hechos. *Dado* que la meta de la ciencia es la construcción de MODELOS **CONCEPTUALES** de las estructuras de las cosas con la mayor verdad posible y que tales modelos conceptuales están formados por **leyes** con proposiciones que ponen en relación los conceptos, llegamos a percatarnos de la posición de éstos y del hecho que sean la unidad del pensamiento teórico por el cual entendemos, controlamos y prevemos los acontecimientos, desde la perspectiva científica. (BUNGE, 1969, citado por HUERTA IBARRA, p. 46). (Subrayado y negrita personal).

Verdaderamente esto sería un perfecto resumen de la esencia de la teoría del **concepto público** que estamos intentando explicar.

Realizando un ANÁLISIS PROPOSICIONAL:

La ciencia construye REPRODUCCIONES CONCEPTUALES de las ESTRUCTURAS de las cosas.

Las reproducciones conceptuales son **MODELOS** de las **estructuras** de los hechos. El modelo total es representado por un término conceptual.

1. Los hechos o las cosas tienen una **estructura**.
2. La ciencia *construye* **reproducciones** de esas estructuras.
3. Esas reproducciones son **modelos** de las estructuras los hechos o fenómenos.
4. Esos modelos son **conceptuales**.
5. Los modelos conceptuales están formados por **leyes**.
6. Las **leyes** científicas son formuladas con **proposiciones**.
7. Los **modelos conceptuales** de los fenómenos están constituidos por **proposiciones**.
8. Las proposiciones de las leyes relacionan **conceptos** científicos.
9. Los conceptos son la **unidad** de las teorías científicas.
10. Mediante las **teorías científicas** entendemos, controlamos y prevemos los acontecimientos.

1.1 EL CONCEPTO COMO ESTRUCTURA

En las últimas secciones y en esta sección se ha sostenido, fundamentado en la argumentación de POZO. que:

- El concepto puede ser visto:
    - "desde **abajo**"
    - "desde **arriba**"
- Un concepto puede ser sometido a un triple **análisis**:
    - **Intra** Objeto
    - **Inter** Objeto
    - **Trans-supra** Objeto
- Un concepto tiene tres NIVELES de **análisis**:
    - Coordinación
    - Supraordinación
    - Subordinación
- Un concepto puede **estudiarse** de manera:

- ○ **Vertical** (niveles *superordinado* y *subordinado*)
- ○ **Horizontal** (nivel de *coordinación*)

Otra forma de concebir y estudiar un Objeto/concepto **estructuralmente** y que incluye a las anteriores es la siguiente:

- **Interna**mente
- **Externa**mente

Debe entenderse que estas visiones **no** son *excluyentes*. Es más, deben *cruzarse*.

En este sentido, se *repropone* la **tesis**:

> **Todo concepto científico implica o se desarrolla en una estructura conceptual, la cual se despliega en una doble estructura: una INTERNA y otra EXTERNA.**

ESTRUCTURA **INTERNA**

La estructura interna contiene dos estructuras que son redes semánticas:

1. ESTRUCTURA **CATEGORIAL**:

Está *constituida* por diferentes Categorías y sus múltiples relaciones, las cuales se deben expresar en proposiciones.

2. ESTRUCTURA DE **SUB**-**CONCEPTOS**:

Contiene un conjunto de **subconceptos**, llegando éstos a conformar una ESTRUCTURA INTERNA DE CONCEPTOS cuyas características y relaciones son expresadas también en **proposiciones**.

ESTRUCTURA **EXTERNA**

1. ESTRUCTURA **VERTICAL**: tiene dos niveles

- a) **Supraordinación**: forma parte de un concepto mayor (contexto) En ese nivel también se encuentran otros conceptos. En la Máquina del Conocimiento se puede visualizar (Analogía: *madre progenitora, tíos*) Esas **relaciones** se expresan en **proposiciones.**
- b) **Infraordinación**: los conceptos menores que incluye y las diversas relaciones. Incluye más niveles.(Analogía: *hijos, sobrinos; nietos (otro nivel)*).

2. ESTRUCTURA **HORIZONTAL**:

- está *relacionada* con una multiplicidad de conceptos formando una compleja red conceptual o red semántica (analogía: *hermanos, primos*).
- las relaciones se expresan en un conjunto de **proposiciones**.

COORDINACIÓN

> Nótese bien que todas implican conceptos (categorías) y requieren ser expresados en proposiciones.

> Una forma de **visualizar** la Estructura de un concepto en forma **sincrónica** es como una **FAMILIA**, y más extensa y profundamente, como **ÁRBOL GENEALÓGICO**. Es un diseño **jerárquico**. Si se quiere conocer adecuadamente un concepto importante, deben utilizarse una visión **sincrónica** (estática) y una **dinámica** (como proceso) La **MÁQUINA DEL CONOCIMIENTO** pretende brindar la primera posibilidad, como una *fotografía instantánea.* En el caso de un Curso bien sea *online* o presencial se puede realizar para el CONCEPTO CENTRAL de ese curso o de un CONTENIDO importante.

En un capítulo anterior se analizaron los distintos tipos de conceptos, dada su importancia   Ahora nos ocuparemos de la forma como está estructurado el concepto, sobre todo en lo interno: su ESTRUCTURA CATEGORIAL.

1.2   *LAS CATEGORÍAS BÁSICAS DEL CONCEPTO CIENTÍFICO EN EL APRENDIZAJE AUTÓNOMO y DIRIGIDO*

Aceptando que un concepto científico es un MODELO TEÓRICO de un **Objeto**, en su **totalidad**, caben las siguientes preguntas:

- *¿Serían suficientes los llamados atributos de criterio o de definición para crear un modelo teórico del Objeto?*
- *¿O más bien puede pensarse que en cada concepto científico se incluye los conocimientos que ha acumulado la actividad científica, conocimientos manifestados en una gran diversidad de proposiciones sobre sus diferentes categorías?*

> - *¿Tal modelo del Objeto debería incluir los diferentes aspectos o **unidades de significado –Categorías-** del Objeto en cuestión?*
> - *¿Podría entenderse ese concepto científico adecuadamente sin Categorías?*
> - *¿Podrían ayudar al aprendizaje de un concepto científico el organizarlo en Categorías?*

En pocas palabras, el concepto científico no es simplemente una serie de características atribuidas a un Objeto, o una mera definición sino un **sistema de ideas** expresadas en proposiciones: incluye todo lo que se puede afirmar de ese Objeto referido por un término y **organizado** en una multiplicidad de **Categorías** que conforman una **estructura y subestructuras**. El aprendizaje de concepto científico implica, en consecuencia, un sistema dinámico altamente organizado de proposiciones y conceptos subordinados. Al decir organizado, se quiere decir que el concepto está formado en primera instancia por un sistema de categorías, que permitiría organizar la vasta información que incluye un concepto científico determinado. Esto facilitaría de manera decisiva el aprendizaje.

¿Qué son, entonces, las CATEGORÍAS DE UN CONCEPTO?

Repasando, para ARISTÓTELES las categorías son los MODOS DEL SER: **substancia, cantidad, cualidad, relación, lugar, tiempo, situación o postura, posesión o condición, acción y pasión. No** son los modos de ser de los entes (objetos) . Son los **modos de pensar del Ser.** Tal como se ha dicho, es una concepción **meta**-física u **ontológica.** Para ARISTÓTELES las categorías no vienen a ser más que *"modos de hablar"* o afirmar sobre el Ser. Son más exactamente los **predicados fundamentales** de las **cosas.**

Ahora bien*, considerado* desde un punto de vista **no** meta-físico, las categorías serían nueve, pues la primera de la lista -la substancia- sería el objeto del cual se predica o afirma algo. En este caso, substancia es un Objeto. Sobre la sustancia, en consecuencia, se centra toda afirmación, y las restantes son los nueve tipos de afirmaciones (predicados) que se pueden hacer sobre ella. Tomando el clásico ejemplo del concepto **individual** Everest:

SUJETO	+	PREDICADO	=	CATEGORÍA
El Everest		es de una altura 10.000	=	CANTIDAD
El Everest		es grande	=	CUALIDAD
El Everest		es la montaña mayor	=	RELACIÓN

El Everest	está en el Himalaya	=	LUGAR
El Everest	es viejo	=	TIEMPO
El Everest	está de pie	=	POSICIÓN
El Everest	es natural	=	ESTADO
El Everest	es impasible	=	ACCIÓN
El Everest	es escalado	=	PASIÓN

Son entonces nueve proposiciones fundamentales las que se pueden expresar de una substancia particular. La substancia, *en este caso*, tiene el papel de sujeto -de la proposición- pues es de quien se afirma en la proposición: las otras categorías son los predicados (lo que se afirma del sujeto).

Caben aquí unas interrogantes pertinentes:

- *¿Un concepto científico como **modelo de un objeto**, tiene **aspectos específicos**, en base a los cuales puede estudiarse organizadamente esa conceptualización?*
- *¿Pueden usarse las Categorías como conceptos para analizar un concepto?*
- *¿Las Categorías serian finitas y específicas, con base a las cuales se podrían realizar una serie de operaciones mentales?*

Veamos las Categorías desde un enfoque no metafísico, como *podrían* ser considerados por la Ciencia:

Desde un punto de vista se pueden clasificar los conceptos científicos en descriptivos y explicativos. En los conceptos científicos explicativos existen dos conceptos científicos **fundamentales** que funcionan como **CATEGORÍAS CONCEPTUALES**, inherentes a los CONCEPTOS CIENTÍFICOS **EXPLICATIVOS**: **causa y efecto**. Se reconoce que la existencia de muchos Objetos-fenómenos depende de una multiplicidad de **condiciones** que se organizan en **factores; en** la investigación científica cuantitativa la "causa" -en el diseño experimental- se le llama **variable independiente**. Todo fenómeno físico transcurre en dos parámetros categoriales: **espacio** y **tiempo**. Otras Categorías conceptuales evidentes en conceptos científicos son **estructura** y **función**. Existen Objetos que son **medios** para lograr un **fin**. Otras categorías conceptuales conocidas son **cantidad** y **calidad**. Así mismo puede entenderse que un Objeto podría estar compuesto por elementos constitutivos: **constitución**. Los hechos se dan en **procesos** y las acciones tienen una **técnica**, o un

método. Existe un **agente** que realiza algo. Del mismo objeto se puede hacer una **clasificación** de sus variedades o, en su defecto hacer una **división** del objeto. Un Objeto tiene una **naturaleza** con muchas **características** o propiedades; el concepto de un Objeto tiene un **significado**. Un Objeto tiene una **estructura** y toda **estructura** tiene una **función** que permite llegar a un **objetivo** o **finalidad**, logrables a través de **metas** concretas y mensurables. Se puede considerar que un Objeto, un hecho tiene una **fuente** u **origen** y un **destino** con una **historia** con antecedentes. Muchos hechos o fenómenos (Objetos) son **problemas** a ser resueltos mediante una **solución**. Esa solución se efectúa con **técnicas**, **métodos**, **metodología**, con **instrumentos** determinados. En suma, muchos objetos/procesos son realizados con una **tecnología**, basada en **principios teóricos** de carácter científico. La realización de algo puede ser efectuado con **normas** o **reglas** o **principios normativos**, con **criterios** establecidos. Un Objeto-hecho puede presentar **problemas** o, al contrario, **beneficios**, en cuyo caso tiene un **valor** o **importancia**, o simplemente **utilidad** por lo que posee una **justificación**. Como nada existe *aislado*, este Objeto/concepto forma parte de uno mayor: **supra sistema** o **contexto** y tiene muchas **relaciones** con otros objetos/procesos, formando una RED SEMÁNTICA. Y un conjunto de objetos puede tener una **organización** que puede verse como un **sistema** con una estructura, en un enfoque *sincrónico* y en un enfoque *diacrónico*, ese sistema tiene un **proceso** y ese proceso tiene una **entrada (input)** y una **salida (output)** un **ambiente** (contexto) con retroalimentación.

> **Un concepto es un MODELO representacional de un Objeto, formulado en un sistema de conceptos interconectados o proposiciones.**

De acuerdo con lo anterior, un **concepto científico** a ser **aprendido** podría ser analizado con base a **25** Categorías conceptuales, más **10** categorías adicionales **modos de darse** o **unidades de significado** de un Objeto dado. Sin embargo, esas 25 categorías conceptuales, más otras 10 categorías conceptuales pueden organizarse en **12** grupos, con subgrupos, para un manejo más fácil. Para un concepto científico dado no se aplican todas estas categorías, y <u>según el campo científico, pueden aparecer **otras** categorías</u>.

¿Las categorías de un campo dado son incalculables e indeterminadas?

De ninguna manera. El diccionario es un buen ejemplo de categorización en 27 **letras-fonemas**. Existen dos campos muy importantes en los que destaca el uso de Categorías conceptuales: la MÚSICA y la PINTURA. En el caso de la música, existen 12 notas musicales o tonos (**7+5**) que son los elementos con los que se construyen estructuras musicales como las escalas, tonalidades, acordes hasta llegar a las melodías. Esos tonos se representan con figuras en un pentagrama: las figuras se *escriben*, las notas *suenan*. Con esos 12 tonos se puede construir infinitas composiciones musicales.

Igual sucede con los colores: **3** colores **primarios** y de su combinación aparecen otros colores, constituyendo una rica paleta que se puede observar en el **círculo cromático**. Con esos tres colores se pueden obtener miles de tonos. En el Círculo cromático, de acuerdo con el autor escogido, se pueden definir 12, 24, 48 colores o más, pero un número definido de categorías cromáticas.

CATEGORÍAS DE ANÁLISIS DE UN CONCEPTO CIENTÍFICO EN EL APRENDIZAJE
1   **NATURALEZA/DEFINICIÓN**
2. **AGENTE**
3. **CAUSA / EFECTO**
4. **ENTRADA / SALIDA**
5. **OBJETIVO**/ META/ FIN
6. **NECESIDAD** / PROBLEMA / **SOLUCIÓN**
7. **UTILIDAD** / IMPORTANCIA
8. **ESTRUCTURA** / SISTEMA / MODELO
9. **FUNCIÓN**
10. **CONSTITUYENTES**
11. **CLASIFICACIÓN/ DIVISIÓN**
12. **CONTEXTO** / AMBIENTE / SUPRASISTEMA
14. **TIEMPO**
15. **ESPACIO** / LUGAR
16. **CONDICIONES**
17. **FACTORES**
18. **CANTIDAD** / MAGNITUD

19. **CALIDAD**	
20. **PROCESO**	
21. **TÉCNICA**/MÉTODO/ TECNOLOGÍA	
22. **REGLAS/ PRINCIPIOS OPERATIVOS**	
23. **MEDIO/INSTRUMENTO**	
24 **MATERIAL**	
25. **RELACIONES/ RED CONCEPTUAL**	

1.3 LAS PREGUNTAS CATEGORIALES

Para un aprendizaje eficaz, las categorías de un Objeto-concepto en estudio pueden ser expresadas de otro modo: mediante **preguntas. Las categorías son sus respuestas.**

A las preguntas sobre las categorías conceptuales las denominamos PREGUNTAS CATEGORIALES:

Con la invención del alfabeto y con su perfeccionamiento por los griegos de la Antigüedad, la pregunta fue un buen instrumento utilizado para formular sus teorías. Ya modernamente, con la invención del método científico la pregunta adquiere un papel estelar en la **investigación científica**, la cual aparece con la denominación de PROBLEMA. Sin embargo, la pregunta ha sido prácticamente olvidada en la educación, lo cual se hizo ley durante la Edad media, expresado con la sentencia *magister dixit* actitud en la que no cabían las preguntas.

En la época del imperio romano, un maestro de la retórica llamado QUINTILIANO, muy exitoso, basado en el latino BOECIO, desarrolló el llamado hexámetro **de Quintiliano**, el cual constaba de **7** preguntas con las cuales se debatía en el foro en la antigua Roma; por ello la pregunta que encabeza la lista es **quis**: *¿quién lo hizo?*.

Quis:	**¿quién** lo hizo?
Quid:	**¿qué** hizo?
Ubi:	**¿dónde** lo hizo?
Quibus auxilius:	**¿con qué medios** lo hizo?
Cur:	**¿por qué** lo hizo?
Quomodo:	**¿cómo** lo hizo?
Quando:	**¿cuándo lo hizo?**

Modernamente, en el PERIODISMO aparecieron en el **lead** las llamadas y muy utilizadas **5 WH**:

What...?	**¿Qué** sucedió?
Why...?	**¿Por qué** sucedió?
Who...?	**¿Quién** lo hizo?
Where...?	**¿Dónde** sucedió?
When...?	**¿Cuándo** sucedió?

Estos **pronombres interrogativos** ya estaban presentes en una expresión bien gráfica del escritor afamado RUDYARD KIPLING: *Tengo seis honrados servidores que me enseñaron cuánto yo sé, se llaman*

qué, quién, porqué, cómo, cuándo, dónde

Después, en el **CÍRCULO DE PREGUNTAS** aparecieron esos **pronombres interrogativos** -más no **preguntas**- con dos **pronombres** adicionales. En ese círculo, el tema/concepto de análisis se ubica en el centro y los pronombres interrogativos, sin ninguna pauta, en un **círculo**:

Qué   Quién   Por qué   Para qué   Cómo   Cuánto   Cuándo   Dónde

Por primera vez aparece el nombre de cada pronombre interrogativo: su categoría conceptual *inherente*; por ejemplo, para el pronombre interrogativo *dónde* aparece en el Círculo de preguntas el término *lugar*, para *cuándo:* lugar. Desde luego, esto parece elemental y, lo es porque el cerebro-mente así lo interpreta, pero no de manera explícita.

PRONOMBRE INTERROGATIVO / CATEGORÍA CONCEPTUAL		
¿Qué?	TEMA	CONCEPTO
¿Quién?	SUJETO	PERSONAJE
¿Por qué?	CAUSA	MOTIVO
¿Para qué?	OBJETIVO	FIN
¿Cómo?	PROCESO	MÉTODO
¿Cuándo?	TIEMPO	SECUENCIA
¿Cuánto?	CANTIDAD	PROPORCIÓN
¿Dónde?	LUGAR	UBICACIÓN

Un **pronombre** interrogativo no es una pregunta, es el encabezamiento de una **pregunta abierta**, es una parte de la pregunta. Es un avance importante cuando se formulan completas las preguntas y se *explicitan* sus **categorías conceptuales** inherentes, lo cual permite captar el significado de la pregunta. Entonces se hace más claro el conocimiento abordado.

Por ejemplo:

PREGUNTA CATEGORIAL	CATEGORÍA
1. ¿**QUÉ ES** EL OBJETO/CONCEPTO X?:	**NATURALEZA**
2. ¿**QUÉ HACE** EL OBJETO X?	**FUNCIÓN**
3. ¿**DE QUÉ ELEMENTOS** ESTÁ HECHO EL O X?	**CONSTITUCIÓN**
4. ¿**CUÁLES** SON LOS **TIPOS** DEL OBJETO X?:	**CLASIFICACIÒN/**
5. ¿**CUÁLES** SON LAS **PARTES** DEL OBJETO X?	**DIVISIÓN**
6. ¿**A QUÉ** CLASE **PERTENECE** EL OBJETO X?	**PERTENENCIA**
7. ¿**QUIÉN** ES o HACE EL OBJETO X?:	**AGENTE**
8. ¿**POR QUÉ EXISTE**/PRODUCE EL OBJETO X?	**CAUSA**
9. ¿**PARA QUÉ EXISTE**/ **PRODUCE** EL OBJETO X?	**EFECTO**
10. ¿**CUÁNDO** EXISTE EL OBJETO X?	**TIEMPO**
11. ¿**DE QUÉ FACTORES** DEPENDE EL OBJETOX?	**FACTORES**
12. ¿**DÓNDE** EXISTE EL OBJETO X?	**ESPACIO**
13. ¿**CUÁNTO** EXISTE DEL OBJETO X?	**CANTIDAD**
14. ¿**CÓMO** ES EL OBJETO X?	**ESTRUCTURA**
15. ¿**QUÉ HACE O REALIZA** EL OBJETO X?	**FUNCIÓN**
16. ¿**CÓMO** SE REALIZA EN EL **TIEMPO** EL O X?	**PROCESO**
17. ¿**CON QUÉ** SE HACE O REALIZA EL OBJETO X?	**MEDIO**
18. ¿**CON QUÉ** OBJETOS SE **RELACIONA** EL O X?	**RELACIONES**

Las **Categorías conceptuales**, entonces, designan posibles grupos de respuestas a determinados **tipos** de **preguntas**. Una forma, por lo tanto, de *presentar* una Categoría conceptual sería a través de una pregunta, como, por ejemplo, de CAUSA:

¿Por qué se produce el Objeto/fenómeno X? o se hace *directamente* con la misma categoría: *¿Cuál es la __causa__ del Objeto/fenómeno X?*

Categoría conceptual es cualquier **noción** que sirve (1) como **regla** para la investigación o (2) para la expresión lingüística en un campo cualquiera (ABBAGNANO: 147) Así es como se usa en Google el término categoría. Ahora bien, **las Categorías conceptuales son un tipo específicos de categorías. Ellas constituyen un instrumento cognitivo para estudiar/entender/analizar cualquier Objeto de la realidad (cosas, eventos, situaciones, hechos, fenómenos, problemas, decisiones)**

Una forma de definir Categorías conceptuales: **es el modo de clasificar los diferentes aspectos que implica el conocimiento de un objeto, hecho, acontecimiento, problema, decisión.**

Cada contenido de un curso, de un texto tiene como *protagonista* un concepto. En general, un contenido desarrolla un aspecto de un concepto. **Por ejemplo:** dado el contenido **Cinemática de la partícula**: el concepto-protagonista es **partícula**, mientras que el aspecto o categoría es **cinemática**. **Otro ejemplo:** La velocidad de la luz. Luz es el concepto-protagonista y velocidad es el concepto-aspecto o categoría a estudiarse. **Un ejemplo más:** tratamiento de la diabetes, el concepto-protagonista es diabetes y el aspecto o categoría es tratamiento. Con respecto a la diabetes se pueden analizar otros aspectos como signos y síntomas, etiología, etiopatogenia, prevalencia, diagnóstico, etc., pero el aspecto a estudiarse -en el caso citado- es el tratamiento. Ello no excluye la relación con los otros aspectos como la etiología. Obviamente que es una distinción analítica.

Los llamados programas analíticos intentan especificar los aspectos o categorías del concepto-protagonista, pero el concepto-protagonista no queda suficientemente resaltado o explícito. En nuestra tecnología se usa la analogía de la película para entender estas ideas.

1.4 DESCRIPCIÓN DE LAS CATEGORIAS CONCEPTUALES BÁSICAS DE LOS CONCEPTOS CIENTÍFICOS PÚBLICOS EN EL APRENDIZAJE

Vale la pena analizar cada una de estas Categorías conceptuales, precisando su significado. La **O** en la pregunta representa al Objeto. Recuérdese que Objeto puede ser una cosa, un hecho, un fenómeno, una persona, una idea, una actividad, un valor, un proceso o simplemente o cualquier elemento delimitado de la realidad.

> - Las Categorías conceptuales son las UNIDADES SEMÁNTICAS O o unidades de significado de un concepto, que en su totalidad conforman el **significado** de un concepto dado.
> - Son **respuestas** -*explícitas* o *implícitas*- a **preguntas**. las cuales se formulan con pronombres interrogativos.
> - Cada Categoría conceptual en el Círculo está *encabezada* por un pronombre interrogativo, pero hay que tomar en cuenta que dicho pronombre no es una pregunta. Una pregunta es una **oración** interrogativa.

De acuerdo a la complejidad de la respuesta a una pregunta dada, ella se puede clasificar en ABIERTA y CERRADA. Las preguntas abiertas requieren un **pronombre interrogativo**. Nos interesa particularmente las preguntas abiertas tales como: *por qué existe la aurora boreal; qué es un electrón cuántas galaxias hay en el universo; cómo se hace un injerto*…

Un punto importante a tomar en cuenta es que las PREGUNTAS ABIERTAS pueden ser formuladas con su pronombre interrogativo natural o con el mismo nombre de la Categoría conceptual. Por ejemplo:

> - ¿**Por qué** se produce el cambio climático? PREGUNTA NATURAL
> - ¿Cuál es la **causa** del cambio climático? PREGUNTA PARAFRASEADA

Es importante observar que cuando se usa la forma **parafraseada** -con el nombre de la categoría- nunca aparece el pronombre interrogativo natural sino el pronombre *cuál* u otro. Muchas preguntas parafraseadas empiezan, pues por el término *Cuál*. Por ello, hay que atender a la oración interrogativa completa. Es interesante formular las preguntas en las dos formas, pues se aclara el significado de la pregunta.

> Las PREGUNTAS son **oraciones** por lo que tienen un **significado**, el cual debe esclarecerse antes de responderla. Para ello debe esclarecerse el concepto-sujeto y la Categoría conceptual estudiada.

1. NATURALEZA / DEFINICIÓN

- Los Objetos tienen una NATURALEZA. Los conceptos SIGNIFICADO.
- En el título, aparecen dos términos: NATURALEZA/ DEFINICIÓN.
  o En el primer caso se pregunta sobre la naturaleza de un Objeto.
  o En el segundo, sobre la definición de un concepto.
  o Por ello, surgen dos preguntas, tal como se ve a continuación.
- PRONOMBRE INTERROGATIVO DE ENCABEZAMIENTO: *¿QUÉ...?*
- **PREGUNTAS**:

  FORMA NATURAL: en esta forma se pueden formular dos **preguntas**: (a) una dirigida al **Objeto** y (b) la otra, al **término conceptual**.

  a. Dirigida al **Objeto** responde a la pregunta *¿QUÉ es el Objeto X?*

  b. Dirigida al **término conceptual** responde a la pregunta *¿QUÉ SIGNIFICA el término conceptual X?*

  FORMA PARAFRASEADA:

  a. Dirigida al **Objeto** responde a la pregunta

  ¿Cuál es la NATURALEZA del Objeto X?

  b. Dirigida al **término conceptual** responde a la pregunta:

  ¿Cuál es el SIGNIFICADO del término conceptual X?

- Bien sea la **naturaleza** de un Objeto o el **significado** de un término conceptual se intenta expresar mediante una **definición**. Una definición es una declaración -muy resumida- del **significado** de un término conceptual. Es una magnífica **síntesis intelectual**. La definición es un intento de comunicar en forma breve el significado de un concepto. En este sentido, es **la síntesis de la quiddidad de una cosa**. Es una **proposición** que hace la declaración de la *intensión* del **significado** de un término. Una de las dificultades de la definición es que no existe una sola definición de un Objeto/Concepto sino que pueden existir muchas definiciones de un mismo concepto, de acuerdo con la disciplina o el enfoque que se use en la misma disciplina y aún en el mismo enfoque, todo ello de acuerdo con la teoría específica y el interés teórico del autor.

- En la definición están envueltos varios aspectos.
  - La **etimología**. Se refiere al origen de la palabra. Por ejemplo, cibernética proviene de la palabra griega *Kybernes*, que significa timonel. En este sentido la etimología proporciona el significado *originario* del término, el cual ilumina su significado actual.
  - La **sinonimia**. Son las distintas palabras que tienen el mismo o parecido significado. Sin embargo, ha de advertirse que no existe la sinonimia perfecta. Lo que se intenta con ello es aclarar el significado del término.
  - **Características**. Son las propiedades o **atributos de definición** del concepto en estudio. Organizadas en una proposición-oración constituyen la definición formal del concepto. Por ejemplo, son características del aprendizaje desde el punto de vista conductista (enfoque contextual)*:* conducta, cambio, permanencia, dependencia del ambiente. Y así, se define aprendizaje como cualquier cambio en la conducta relativamente permanente controlada por el ambiente mediante el reforzamiento.
  - **Ejemplos o contra ejemplos**. Tal como ha sido señalado, los ejemplos constituyen la denotación del concepto. Son sus referentes empíricos que son señalados o indicados por el término.
  - **Red Conceptual:** incluye las relaciones de un concepto con otros conceptos **externos**, no sus categorías como en el caso del mapa mental y el mapa semántico. Por supuesto que las categorías conceptuales son importantes. La red conceptual puede ser de dos tipos: jerárquica y no jerárquica. Las dos tienen importancia. La **jerárquica** se puede representar en un diagrama por niveles de supraordinación, coordinación y subordinación, tal como la Máquina del conocimiento.

2. CLASIFICACIÓN

- PRONOMBRE INTERROGATIVO DE ENCABEZAMIENTO:
  ¿CUÁLES?
- **PREGUNTAS**:
  FORMA NATURAL*:*
  ¿_CUÁLES_ son los tipos o clases del Objeto/concepto X?
  FORMA PARAFRASEADA:
  ¿Cómo es la clasificación o cómo se _CLASIFICA_ el Objeto/concepto X?

- La clasificación es una operación lógica que consiste en "repartir" *intelectualmente*
  (*artificialmente*) un concepto en conjuntos menores de conceptos con base a uno o varios **criterios**, que sirven de medida para la ubicación de un concepto en un grupo categorial o en otro. Cada conjunto menor es una clase y es una "clase de". La conceptualización es el género y las clases son las especies.
- **Los conceptos en sí son clasificaciones**. Los conceptos, como construcciones mentales, son resultado de un proceso complejo de clasificación. **Son categorías dentro de una teoría determinada**. La Categorías conceptuales son maneras de clasificar el conocimiento.
- **CLASE** es el conjunto de objetos que caen bajo la misma denominación, en virtud de un **criterio** establecido previamente, denominado *fundamentum divisionis*. Un **criterio** es una "regla" que sirve para ubicar un objeto en una clase u otra. Por ejemplo, cuando se habla de las clases hombres y mujeres, el criterio que subyace es el de género, tal es, en consecuencia, la regla.
- **Todo concepto forma parte de una clasificación (supraordinación) Todo concepto puede admite ser clasificado de diversas maneras. Todo concepto tiene su(s) clasificación(es).**

3. DIVISIÓN

- PRONOMBRE INTERROGATIVO: ¿*CUÁLES*?
- Muchas veces se confunde división con clasificación. Dividir significa *partir* algo en *partes* y no en clases.
- Responde a la **PREGUNTA**:

  FORMA NATURAL:

  ### ¿*Cuáles* son las partes del Objeto X?

  Ejemplos: *Cuáles son las partes de la planta; Cuáles son las partes del corazón, un libro; Cuáles son las partes de una computadora digital.*

  FORMA **PARAFRASEADA**:

  ### ¿*Cómo es la* DIVISIÓN *de una planta, una mesa?*

- Como se puede inferir, **partes** no es igual que **clases**, por lo que clasificación no es igual que división.

4. AGENTE

- PRONOMBRE INTERROGATIVO DE BASE: ¿**QUIÉN**?
- Responde a la PREGUNTA:

FORMA NATURAL*:*

¿**QUIÉN** es, **QUIEN** realiza o **QUIÉN** produce el objeto X?

Ejemplos: ¿**Quién** efectúa el metabolismo? ¿**Quién** realiza la fotosíntesis? ¿**Quién** descubrió las ondas hertzianas?

FORMA PARAFRASEADA*:*

¿**Cuál es el AGENTE de la tuberculosis?**

- Lo usual es el significado de agente como **persona**, pero podría designar el sistema que realiza un determinado proceso, como por ejemplo ¿QUIÉN realiza el proceso de la digestión?

5. CAUSA/ CAUSALIDAD

- CONCEPTO CORRELATIVO: **EFECTO**
- PRONOMBRE INTERROGATIVO DE BASE: ¿**POR QUÉ**?
- Es diferente para fenómenos **naturales** y fenómenos **artificiales**
- En el caso de **FENÓMENOS NATURALES** responde a la pregunta de:

FORMA NATURAL:

¿**POR QUÉ** se produce o produjo el Objeto-fenómeno X?

Ejemplos: ¿Por qué se produce la lluvia? ¿Por qué se dilatan los metales? ¿Por qué la luna orbita la tierra? ¿Por qué crecen las plantas? ¿Por qué caen los objetos perpendicularmente? ¿Por qué se expande el universo?

FORMA PARAFRASEADA: ¿**Cuál es la CAUSA del fenómeno X?**

- En el caso de **FENÓMENOS ARTIFICIALES –creados por el hombre-** tales como conductas, técnicas responde a las preguntas.
  - ¿**POR QUÉ** se hace o realiza o **puede** realizar X?

  EJEMPLOS*:* ¿Por qué vuelan los aviones? O mucho mejor: ¿Por qué **pueden** volar los aviones?

  - ¿**Por qué se debe** hacer la conducta/procedimiento X?

  EJEMPLO*:* ¿Por qué los niños **deben** vacunarse?

- La causa permite **explicar** un fenómeno. Una explicación consiste, entonces, en la determinación de la causa de un fenómeno dado. Explicación es diferente de **descripción**.
- Debido a su estrecha relación, a su correlatividad, es muy frecuente que se confunda CAUSA con EFECTO: se confunde el *por qué* con el *para qué*. Es sumamente importante que el estudiante aprenda a distinguirlos. Este es uno de los objetivos de esta propuesta.

CAUSALIDAD

Causa forma parte del concepto de **causalidad**, el cual engloba a los conceptos causa y efecto, los cuales están estrechamente relacionados. La llamada **relación causa-efecto** corresponde, pues, al concepto de causalidad.

- o En su significado más general, causalidad **es la relación entre dos cosas,** en virtud de la cual **la segunda es unívocamente previsible a partir de la primera.** (ABBAGNANO: 152). Causalidad implica necesariamente, pues, los conceptos de causa y efecto.
- o Es importante entender que el concepto de causalidad tiene dos formas fundamentales de expresión: como **relación racional** y como **relación empírica** o **temporal**. (ABBAGNANO: 152).
  - En la forma de **relación racional**, la causa es la **razón** de su efecto, el cual es *deducible* de la causa. Desde luego, esa *deducción* es una inferencia *racional*, no empírica. Es un enfoque lógico, muy útil, desde luego. (ABBAGNANO: 152).
  - En la modalidad de la causa como **relación empírica**, el efecto **no** es *deducible* de la causa, pero es *previsible* a partir de ella, debido a la constancia y uniformidad de la relación de **sucesión temporal**. La uniformidad es establecida usualmente mediante investigación experimental. (ABBAGNANO: 152).
  - EJEMPLO PARADIGMÁTICO de **relación empírica**: las **Leyes** científicas.

CONCEPTOS BAJO LA *GRAVITACIÓN* SEMÁNTICA DE CAUSA:

Los siguientes conceptos están bajo el significado general de **causa**, pero no tienen la *rigurosidad* del concepto causa.

- Necesidad (Correlativo: Solución)
- Motivo
- Origen (Correlativo: Destino)
- Problema (Correlativo: Solución)
- Entrada o input (Correlativo: Salida o output)
- Inicio (Correlativo: Final)
- Fuente
- Historia
- **V**ariable Independiente (Correlativo: **V**ariable **D**ependiente)
- Pregunta (Correlativo: Respuesta)

6. CONDICIÓN

- PRONOMBRE INTERROGATIVO: ¿*CUÁNDO*?

  Advertencia: este pronombre se utiliza para dos categorías conceptuales muy diferentes:
    - CONDICIÓN
    - TIEMPO
- En este aparte se analiza como CONDICIÓN, en otro aparte como TIEMPO. Con este significado este concepto se formó en la edad moderna, por lo que no tiene su expresión en griego ni en latín.
- Como **CONDICIÓN(ES)** responde a dos tipos de preguntas con el mismo CUÁNDO con significados diferentes: **puede** hacerse y **debe** hacerse. Por ejemplo:

  1. ¿*CUÁNDO* se puede producir el fenómeno X?:
     FORMA NATURAL o
     ¿*En qué CONDICIONES se puede producir X?*:
     FORMA PARAFRASEADA
  2. ¿*CUÁNDO* se debe hacer Z (conducta/técnica...)?
     FORMA NATURAL o
     ¿*Qué CONDICIONES deben reunirse para hacer Z?*
     FORMA PARAFRASEADA.

  El primer caso -**puede**- es descriptivo; el segundo -**debe hacerse**- es prescriptivo.
- En estos contextos, se nota claramente que el pronombre *Cuándo* **no** significa **tiempo**.

- En un sentido general, CONDICIÓN es lo que *hace posible* que suceda o produzca algo. Dicho en su *obversa*, **es algo sin lo cual algo no sería o no sucedería**

- ABBAGNANO (p. 211) define el término CONDICIÓN como *"lo que hace posible la previsión <u>probable</u> de un hecho"*. Significa que es *probable* que X ocurra, pero no forzosa ni inequívocamente como en el caso de causa. Agrega, que de acuerdo con KANT, *decir que "**x** es la condición de **y**", es decir lo mismo que "**x** hace posible a **y**"*.

- ***¿Cuál es la diferencia entre <u>causa</u> y <u>condición</u>?***
    - La causa es una **relación necesaria**, que al darse **X** se produce el efecto **Y**. es lo que por sí mismo, solo, es *suficiente* para producir un efecto, o lo que produce un efecto.
    - La condición es lo que *por su cuenta* **no** es suficiente para producir el efecto pero es necesaria. Se expresa de la siguiente manera: **es necesaria pero no suficiente.**
        - La expresión de origen jurídico *conditio sine qua non* permite entender mejor este concepto. No significa una reserva de la cual dependa la total validez del acto jurídico, aunque indudablemente no es su causa. (ABBAGNANO) Por ejemplo, ser venezolano por nacimiento es *conditio sine qua non* para ser presidente de la República, pero no es su causa.

- Debido a su estrecha relación con el concepto de causa, algunos autores llaman a la condición **concausa**.

- Otra diferencia es que condición implica, muchas veces, una **pluralidad** -condiciones- y causa una singularidad: la causa.

- Un concepto que incluye a la categoría causa y a la categoría condición es **FACTORES**. Por ejemplo, en la medicina, en relación con la enfermedad, se habla de **factores determinantes, condicionantes y predisponentes**. En este modelo se entiende que la causa de una enfermedad no actúa sola, sino que depende de una constelación de condiciones (condicionantes y predisponentes).

---

7. TIEMPO

- PRONOMBRE INTERROGATIVO DE BASE: ¿***CUÁNDO***?
- El término **cuándo** es *equívoco*: admite dos significados diferentes como se ha dicho:

1. puede significar **condición** (la categoría anteriormente explicada)
2. puede significar **tiempo**, dependiendo del contexto de la pregunta.

- Como TIEMPO responde a la pregunta de:

FORMA NATURAL: *¿CUÁNDO se produjo X?*

FORMA PARAFRASEADA: *¿En qué TIEMPO se produjo X?*

- El tiempo es uno de los **parámetros** en los cuales se produce cualquier fenómeno; el otro parámetro es el espacio. El continuo espacio-tiempo.
- EJEMPLOS: *¿Cuándo se inició el pleistoceno? ¿Cuándo llegaremos a Marte? ¿Cuándo se produjo la bomba atómica? ¿Cuándo empezó la automatización de la industria? ¿Cuándo se colonizará Marte?*
- Existe un tiempo absoluto y uno relativo.

8. ESPACIO

- PRONOMBRE INTERROGATIVO: *¿DÓNDE?*
- Responde a la PREGUNTA en forma:
  - FORMA NATURAL: *¿Dónde se realiza, efectúa o produce X?*
  - FORMAPARAFRASEADA: *¿En qué lugar se realiza, efectúa o produce X?*
  - Junto con el concepto tiempo, constituye un concepto central en la teoría de EINSTEIN.
  - La Categoría conceptual ESPACIO tiene una gran importancia y presenta sus singularidades. Esta categoría conceptual debe ser considerada bajo dos significados diferentes:
    - Como algo **físico**, **material**: lugar, sitio, ambiente físico: **contexto** físico
    - Como algo **abstracto** del cual forma parte: **contexto** teórico
    - En el primer sentido -**físico**- Max Jammer en su libro *Concepts of Space* (1954) referido por ABBAGNANO, indica que existen tres teorías o **enfoques** fundamentales del concepto ESPACIO.

1. Como la **cualidad posicional** de los objetos materiales en el mundo. Posición de un cuerpo ante o entre los demás cuerpos. Implica el uso de términos como *arriba, abajo; adelante, atrás.*

2. Como el **continente** de objetos materiales.
3. Como **campo**. Es un concepto utilizado en la física, la ecología, la medicina y la psicología. En la ecología, el medio ambiente; en la medicina el medio interior fisicoquímico del organismo, el cual es la base del concepto de homeostasia o equilibrio homeostático. En todos estos sentidos, el campo tiene un papel determinante en la generación de un fenómeno dado. Es diferente o contrario al *determinismo*. (Las negritas y las separaciones son del autor del libro).

Conceptos en la esfera semántica de espacio:
o lugar, ubicación, sitio, localización;
o posición, límites, delimitación;
o terreno, área, circunscripción, campo.
o Son aplicaciones de espacio en el sentido de **continente**: ciudad, país, planeta, galaxia, universo. Son continentes de sus elementos los organismos, las células.

9. CANTIDAD

• PRONOMBRE INTERROGATIVO DE BASE: ¿**CUÁNTO(S)**?
• Responde a la **PREGUNTA**:

NATURAL*: ¿CUÁNTO existe del objeto X? ¿CUÁNTAS unidades de Z tiene X?*

PARAFRASEADA: *¿Qué CANTIDAD de z tiene X?*

• **Cantidad** es todo lo relacionado con la **medida** o la **medición**. Se expresa, generalmente, en alguna **unidad de medida** (metro, gramo, joule…) y en general con algún **guarismo**.
• Se puede expresar, sin embargo, de forma **cualitativa**: mucho, poco, demasiado, excesivo.

Conceptos en la esfera semántica de cantidad:
o magnitud, monto, valor.
o **parámetro**: es una cantidad fija que sirve para compararla con otras cantidades; por ejemplo 37° es la cantidad para determinar hipotermia o hipertermia en el caso del sujeto humano.
o medida, medición, estimación, valoración.
o escala.
o proporción.

10. CANTIDAD

- PRONOMBRE INTERROGATIVO: *¿DE QUÉ?*
- Responde a la PREGUNTA
  NATURAL: *¿DE QUÉ elemento(s) básico(s) está constituido el Objeto X?*
  PARAFRASEADA: *¿Cuál o cuáles son los elementos constitutivos de X?*
- Es diferente de clasificación y división.
- Ejemplo 1: la célula es el elemento básico funcional de los organismos vivos.
- Ejemplo 2: el universo está constituido por materia, energía e información.

11. FUNCIÓN

- Así como se confunde habitualmente efecto con causa, se confunde semánticamente *propósito* con función.
- Responde a la PREGUNTA de FORMA:

  NATURAL: *¿Qué hace o realiza el Objeto-Estructura X?*

  Nota: *no tiene un pronombre interrogativo propio*

  PARAFRASEADA: *¿Cuál es la FUNCIÓN del Objeto-Estructura X?*
- El significado más general dado a este concepto es el de **actividad**: es su núcleo semántico, pero por sí sola no define el sentido de función. Función es una tarea o una operación que realiza o desempeña un ser vivo o un órgano de él, un instrumento, una máquina; un profesional, un elemento de la sociedad. Así, por ejemplo, la función-tarea-operación de los ojos es ver; la de los oídos, oír, la del corazón es bombear sangre oxigenada. En esta forma, la función es la **tarea** u **operación** propia de un Objeto. No se debe confundir con propiedad, aun cuando la función es una propiedad del Objeto. Tarea-operación responde la pregunta *¿Qué hace el Objeto X?*
- La función se dirige o tiene un resultado. Eso es el **propósito**.
- Existen *otras* **interpretaciones** más específicas, del término función:
  - En la matemática: las funciones son **relaciones correspondientes** entre dos conjuntos de elementos. Relación de dependencia entre dos magnitudes variable. En la investigación cuantitativa se define

como la dependencia entre dos variables cuantitativas: la variable dependiente es función de la independiente.

o En la sociología: en la teoría funcionalista, que en un grupo social algo es funcional significa que sirve para el mantenimiento de su equilibrio.

o En la psicología: como, por ejemplo, en el principio "la conducta es función de la motivación", el término función significa "*depende de*".

Conceptos con el mismo significado
o actividad, tarea, operación.
o papel, rol, propiedad activa.

12. ESTRUCTURA

- PRONOMBRE INTERROGATIVO DE BASE: ***¿CÓMO?***
- Responde a la PREGUNTA de FORMA:

  NATURAL*:*   *¿CÓMO ES el Objeto X?*

  ¿CÓMO ES el Objeto X que realiza la función Y?

  ¿CÓMO ESTÁ organizado el Objeto X que realiza la FUNCIÓN Y para lograr el resultado Z?

  PARAFRASEADA: *¿Cuál es la ESTRUCTURA del Objeto X?*

  ¿Cuál es la ESTRUCTURA que realiza la FUNCIÓN Y?

  ¿Cuál es la ESTRUCTURA que realiza la FUNCIÓN X para lograr el resultado Z?

- Relación entre estructura y función: estructura es la forma que corresponde a una función y la función es la actividad de la estructura. En la **Teoría de la forma** se afirma que "la forma hace la función".

- Estructura designa al **orden que tiene una totalidad**. Es el conjunto de partes organizadas que forman un **todo**, dirigido a una **finalidad**. Es el **arreglo** según el cual están ordenadas las partes o unidades de un todo, el cual les permite funcionar como un todo cohesionado. Se entiende, pues, que en el concepto de estructura no se subraya la existencia de unidades o partes, pues lo que interesa es el arreglo, la disposición o la **organización** de las partes o unidades en un todo.

- Organización implica **relaciones** entre las partes. Lo que se toma en cuenta es el plano o croquis de la ordenación de las partes. El plano que hace un arquitecto de un edificio es un buen ejemplo de estructura.

- "Se entiende por **organización** a las relaciones que deben darse entre los componentes de algo para que se le reconozca como miembro de una clase específica. Se entiende por **estructura** de algo a los componentes y relaciones que concretamente constituyen una unidad particular realizando su organización". (H MATURANA. **El árbol del conocimiento**, p. 28).

- **La estructura está fuertemente asociada al espacio; el proceso al tiempo.**

  Conceptos asociados:
  - todo, totalidad
  - organización
  - sistema.

---

13. MEDIO/ INSTRUMENTO

- PRONOMBRE INTERROGATIVO DE BASE: **¿*CON QUÉ*?**
- **Advertencia**: este pronombre se utiliza para dos categorías conceptuales muy <u>diferentes</u>:
  - MEDIO/INSTRUMENTO
  - RELACIONES
- Como MEDIO/INSTRUMENTO Responde a la PREGUNTA:

  FORMA NATURAL: ***¿CON QUÉ se realiza la <u>función/ proceso</u> del Objeto X?***

  ¿CON QUÉ se logra el <u>resultado</u> Z?

  ¿CON QUÉ se logra el <u>objetivo</u> Z?

  PARAFRASEADA: ***¿Cuál es el <u>MEDIO</u> para realizar la función***

  ¿Y del Objeto X?

  ¿Cuál es el <u>MEDIO</u> para lograr el resultado Z?

  ¿Cuál o cuáles son los <u>MEDIOS</u> para lograr el Objetivo Q?

- El concepto **medio** está asociado a fin, así como causa con efecto, estructura con función. El primero se entiende con el otro: son correlativos. Una frase atribuida a Maquiavelo muy conocida dice *"El fin justifica los medios".*

   Conceptos asociados:
   o instrumento
   o recurso(s)
   o material

14. RELACIÓN

- PRONOMBRE INTERROGATIVO DE BASE: ¿**CON QUÉ**?
- Relación es el otro significado con el que se construye el pronombre *¿Con qué?*
- Este es un concepto de singular importancia en el modelo de las categorías del concepto.
- Responde a dos PREGUNTAS complementarias:

   1. *¿CON QUÉ Objetos-conceptos está relacionado el Objeto-concepto X?*
   2. *¿Qué tipo de RELACIÓN tiene el Objeto/concepto X con el Objeto/concepto A,B,C,D,E,F…Y,Z?*

- En un sentido muy general, relación es el modo de comportarse de los Objetos-conceptos **entre sí**.
- El concepto de relación implica necesariamente:

   1. La existencia al menos de <u>dos</u> **Objetos-conceptos** (fenómenos, hechos, objetos mismos…)
   2. una **acción** que uno de los Objetos-conceptos relación ejerce sobre el otro.

- No existe un solo modo de comportarse bien de un Objeto-concepto sobre otro Objeto-concepto. En primer lugar, podemos hablar de dos tipos generales de relación:

   1. **Relación causal:** es una relación de dependencia de un Objeto-concepto de otro.
   2. **Relación no-causal**: de independencia entre dos Objetos-conceptos. Son varios los tipos de relaciones no causales, las cuales se especificarán más abajo.

- Otra forma de clasificar las relaciones es en relaciones **externas** e **internas**.

1. <u>Relación **externa**</u>: Es la relación de un Objeto-concepto con **otros** Objetos-conceptos *distintos*
2. <u>Relación **Interna**</u>: Es la relación de un Objeto-concepto con (1) una de sus partes o (2) de sus partes entre sí.

- Es apropiado, para este modelo del concepto, tener una visión <u>triple</u> de las relaciones del concepto:
  1. Relaciones **supraordinadas**
  2. Relaciones **coordinadas** y
  3. Relaciones **subordinadas**.
     - Las relaciones supraordinadas y las coordinadas son **externas**.
     - Las relaciones subordinadas son **internas**.
     - Las relaciones supraordinadas se refieren a los sistemas -o conceptos- más amplios en los que se puede ver incluido el Objeto/concepto.
     - Las relaciones coordinadas son las relaciones que mantiene la conceptualización con otros Objetos-concepto de similitud complejidad en un mismo sistema o con sistemas (conceptos) conexos.
     - Las relaciones subordinadas, como se ha dicho, son las relaciones que mantiene con sus partes o de sus partes entre sí.

Estas tres clases o modos de relaciones proporcionan una RED CONCEPTUAL de tipo **jerárquico**.

Las INTERACCIONES son relaciones causales de **doble vía**.

---

15. PROCESO

- PRONOMBRE INTERROGATIVO DE BASE: ¿**CÓMO**?
- **Aclaratoria**: este pronombre se utiliza para dos categorías conceptuales muy <u>diferentes</u>:
  - **A.** PROCESO
  - **B.** TÉCNICA
- Esto demuestra la necesidad de formular la pregunta completa…
- Como PROCESO Responde a las PREGUNTA según como se conceptúe el término, como se explica un poco más adelante.

A. ¿Cómo se <u>realiza</u> el Objeto X en el <u>tiempo</u>?
Por ejemplo: *¿Cómo se realiza el metabolismo?*
B. ¿Cómo se <u>transforma</u> el Objeto X en el Objeto Y?

- El concepto proceso tiene dos significados importantes desde el punto de vista de este trabajo, complementarios:
   1. Como sucesión de **fases** en el tiempo y;
   2. Como **transformación** de un *input* o entrada en una salida.
- En las dos **concepciones** *subyace* una relación con el concepto **tiempo**.
   1. Proceso como una serie de **fases** que se realizan a través del tiempo. Por ejemplo, las fases de PIAGET de formación de conceptos.
   2. Proceso como la **transformación** de energía o materia en una salida o producto.
      o De esta manera es mirado el metabolismo cuando se le considera como una transformación de nutrientes en energía. Este concepto forma parte de la **concepción sistemática**.
      o Otro ejemplo, pertinente, es la transformación que hace el cerebro de las informaciones sensoriales que recibe las transforma en un conocimiento.
- Un modelo del ENFOQUE SISTEMÁTICO que es importante conocer para entender el proceso como transformación:

AMBIENTE

ENTRADA --- PROCESO --- SALIDA

RETROALIMENTACIÓN

16. **TÉCNICA**

- PRONOMBRE INTERROGATIVO DE BASE: **¿*CÓMO*?**
- **ACLARATORIA**: este pronombre se utiliza para dos categorías conceptuales muy <u>diferentes</u>:
   A. PROCESO
   B. TÉCNICA
- Como TÉCNICA tiene <u>dos</u> direcciones: **Objeto** y **actividad** sistemática, con el mismo significado.
- Responde a la PREGUNTA:

A. ¿CÓMO se hace el <u>Objeto</u> X? (No se hace para concepto)
   Ejemplo: *¿Cómo se fabrica una computadora?*
B. ¿CÓMO se realiza la <u>actividad</u> X?
   Ejemplo: *¿Cómo se realiza el diagnóstico de la hipertensión arterial?*

- En un sentido general, técnica es el **modo o manera de hacer bien las cosas**. Excluye la idea de *improvisación* o *azar*, o simplemente la acción azarosa. El núcleo semántico de este concepto es **actividad, acción**. Mientras función es la estructura en acción, la técnica es la forma de realizar algo con criterios de eficacia y eficiencia. Muchas técnicas son aprendidas con un algoritmo, lo cual define el grado de formalización de una técnica determinada.
- Designa todo conjunto de **reglas** aptas para dirigir eficazmente una actividad cualquiera (ABBAGNANO).

    En este sentido, cualquier **actividad intencionalmente** necesariamente *requeriría* una técnica de realización para su eficacia.

    - Todo el campo de la actividad humana estaría pleno de técnicas, producto de la experiencia o la investigación.
    - La técnica incluiría desde la actividad más simple o rutinaria: lavarse los dientes, amarrarse los cordones de los zapatos, hasta una delicada cirugía del cerebro o enviar una nave espacial a la luna.
    - De acuerdo con ABBAGNANO (p.1.118) existirían tres clases de técnicas.

1.	Técnicas **Simbólicas**: corresponden a las ciencias (técnicas de investigación, ej. Tecnológicas) y a las bellas artes.
2.	Técnicas **Comportamentales**: éticas, políticas y económicas.
3.	Técnicas de **Producción**: de cualquier instrumento utilitario

UN EJEMPLO DE APLICACIÓN DEL MAPA HEURÍSTICO-CATEGORIAL

Es frecuente que los estudiantes entren a una clase o estudien un tema específico y al terminar recuerden poca información. En el año 2000 se hizo un cambio curricular d la carrera de Medicina. Se preparó un grupo de estudiantes del Curso **de Patología** de la carrera de Medicina de la Universidad de Los Andes de Venezuela. Con base del Círculo heurístico-categorial, los estudiantes formularon las **preguntas categoriales** descritas más abajo. Posteriormente se elaboró una tabla de contenidos común para las diferentes patologías a estudiare, independientemente del tipo de patología. De acuerdo con las preguntas categoriales y las categorías conceptuales se elaboró una tabla con tres columnas y tres elementos como se ve a continuación:

PREGUNTAS BÁSICAS	CATEGORÍA	ASPECTOS DEL CONCEPTO
¿**Qué** es la patología X? ¿Cuáles son sus **características** clínicas?	NATURALEZA/ Características	**Definición** **Signos y síntomas**
¿**Cuáles** son los tipos de patología X?	CLASIFICACIÓN	**Clasificación**
¿**Por qué** se produce la patología X?	CAUSA/FACTORES	**Etiología.** **Factores predisponentes** **determinantes** y **condicionantes**
¿**Cuál y cómo es** la estructura anatómica afectada?	ESTRUCTURA	**Anatomopatología**
¿**Cómo** es el proceso de la patología X?	PROCESO	**Fisiopatología.** Mecanismo de producción

¿**Cómo** se diagnostica la patología X? ¿**Con qué medios** se diagnostica la patología X?	TÉCNICA MEDIOS	**Diagnóstico** **Medios de Diagnóstico**
¿**Cómo** es el tratamiento de la patología X?	TÉCNICA	**Tratamiento**
¿**Cómo** se previene la patología X?	TÉCNICA	**Prevención**

Con base a lo anterior se produjo el siguiente esquema amplio que cubre todas las categorías importantes para todas las patologías:

PATOLOGÍA X

1. Definición

2. Clasificación

   1.1 Tipos
   1.2 Fases

3. Manifestaciones clínicas

   3.1 Signos
   3.2 Síntomas

4. Etiología

   4.1 Agente etiológico

   4.2 Factores predisponentes, determinantes y condicionantes

5. Prognosis

6. Epidemiología

7. Anatomopatóloga

8. Fisiopatología

   8.1 Alteración funcional
   8.2 Manifestaciones de la alteración
   8.3 Mecanismo de producción

9. Diagnóstico (diferencial)

Herramientas de diagnóstico

9.1 <u>Técnicas de exploración física</u>

9.2 <u>Técnicas complementarias</u>
  9.2.1 Pruebas de laboratorio
  9.2.2 Técnicas de diagnóstico por imágenes
  9.2.3 Técnicas endoscópicas
  9.2.4 Técnicas anatomo-patológicas

10. Tratamiento

  10.1 Farmacológico
  10.2 Fisioterápico
  10.3 Quirúrgico
  10.4 Nutricional
  10.5 Educativo

11. Prevención

Una vez que quedó elaborada esta estructura conceptual, ella pareció obvia y *lógica*, y lo es sin duda alguna. Sin embargo, normalmente los estudiantes de Medicina no tienen este modelo al estudiar ni tampoco el docente la ofrece para las clases. Los profesores tienen este modelo *implícito* y cualquier profesor de este curso estaría de acuerdo con esta esta estructura y no le parecería un gran invento. Al crear esta estructura con los estudiantes, fue más fácil para ellos integrar el conocimiento sobre cada patología explicada. Sirvió como una verdadera **carta náutica** para el curso; durante la misma clase y el estudio. Conceptualmente estuvieron ubicados y los estudiantes pudieron organizar con muchísima más facilidad la información.

Esto demuestra que el conocimiento científico en el aprendizaje implica necesariamente categorías y pueden develarse. Este modelo de categorías conceptuales puede usarse en muchos temas científicos, no necesariamente en todos. Sin embargo, pueden usarse la idea de categorías conceptuales.

2.-EL MAPA DEL TESORO DEL CONOCIMIENTO
BASE DEL MÉTODO RATIONAL THINKING 360

2.1   LA TÉCNICA HEURÍSTICA-CATEGORIAL

¿Qué es la técnica Heurística-Categorial?

Es el instrumento fundamental del **Mapa del Tesoro del Conocimiento**. El Mapa del Tesoro del Conocimiento, incluyendo el Método de la Película del Conocimiento, son las bases del **MÉTODO RATIONAL THINKING 360** (Ver propuesta en el Apéndice).

- **MÉTODO RATIONAL THINKING 360 / CURSO 1 ESSENTIAL**

  1. Mapa del Tesoro del Conocimiento *(La Técnica Heurística-Categorial)*
  2. El Método de la Película del Conocimiento

Hay que partir de la idea que esta es una técnica para entender los conceptos científicos en el aprendizaje. Propicia un razonamiento amigable, esto es, **pensamiento reflexivo** base para un PENSAMIENTO CRÍTICO. Sin embargo, se puede aplicar con buenos resultados para la toma de decisiones, pensamiento creativo y otros.

Como su nombre lo indica implica dos elementos que se complementan:

- **Heurística** y
- **Categorías conceptual**es

Es heurística porque es una guía para el **descubrimiento conceptual** y una estrategia que permite resolver problemas: en una primera instancia para resolver el problema del aprendizaje declarativo, su construcción, y en segunda instancia, para resolver otro tipo de problemas utilizando el **PENSAMIENTO REFLEXIVO**, el razonamiento.

No es simplemente una técnica semántica más, siendo en todo caso una **meta técnica** semántica para crear técnicas semánticas. Es más bien una técnica de RAZONAMIENTO *para el* APRENDIZAJE CONCEPTUAL, cuya técnica y aprendizaje facilite la solución de problemas. Por su doble naturaleza -**preguntas** y **categorías**- estimula de forma amigable el razonamiento y la memoria semántica elaborativa, orientada al aprendizaje autónomo. En general, es una **metatécnica** pues al referirse a las estructuras del conocimiento científico escolar sirve necesariamente de base a cualquier técnica o método de enseñanza y aprendizaje. Es una **metatécnica**, tal como se ha dicho, que puede ser utilizada como *base* de cualquier técnica de aprendizaje dirigido o autónomo y con cualquier forma de representación del conocimiento. No suplanta a ninguna técnica, ni colide en forma con ninguna modalidad de aprendizaje o de enseñanza.

2.2   EL MAPA DEL TESORO DEL CONOCIMIENTO

La técnica Heurística-Categorial es el instrumento para el **Mapa del Tesoro del Conocimiento**. Es un mapa semántico. A fin de tener una idea más clara, a continuación, se presenta el mapa representado con el circulo heurístico-categorial y enseguida se explican sus características.

¿Qué es el Mapa del Tesoro del Conocimiento?

Es un mapa lógico-visual de representación de la estructura del conocimiento, no de conocimientos específicos tal como lo hace el mapa semántico de Johnson, el mapa conceptual de Novak y el mapa mental de Buzan. Es diferente, pues, del mapa semántico (Johnson), del conceptual (Novak) y del mental (Buzan). Visualmente es un mapa *radial* para captar de una mirada la estructura básica de un Objeto/Concepto: sus categorías en varios niveles. En este sentido es estructural-semántico. (El término objeto tiene una denotación muy amplia). Sirve para estimular de manera *amigable* el pensamiento reflexivo base del pensamiento crítico. por un lado y por otro, para establecer relaciones entre conceptos y, eventualmente, formular proposiciones.

¿Cuáles son sus características de este mapa?
Tiene tres características importantes:

(1) es **estructural**, tal como lo es el conocimiento
(2) es **radial** y,
(3) es **reticular**, característicamente

Es una RED SEMÁNTICA para crear redes semánticas.

Al ser radial y reticular, permite establecen muchos tipos de RELACIONES SEMÁNTICAS para construir el conocimiento de un Objeto dado. Es una estructura cognoscitiva que sirve para construir estructuras cognoscitivas o conocimientos. Funciona como una red para pescar. Proporciona un esquema heurístico: un esquema de indagación, de búsqueda. Tiene una **fundamentación teórica**, un por qué y un para qué.

¿Para qué sirve el Mapa del Tesoro del Conocimiento?

Esencialmente es una herramienta de RAZONAMIENTO. Favorece notablemente la **concentración, la comprensión y la memoria semántica elaborativa** (no repetitiva) llamada memoria inteligente y, además aumenta la **motivación** por el conocimiento.

En definitiva, es un **instrumento cognitivo para aprender a aprender de manera autónoma.**

¿Cómo es el Mapa del Tesoro del Conocimiento?

En el centro del Círculo se ubica el Objeto/Concepto, o el problema o la decisión que se esté discerniendo. Primero se define el propósito y así el manejo del Círculo cambia. *NOTA: En esta parte no se explica cómo puede aplicarse al análisis de problemas.*

En el caso que el análisis sea sobre un concepto, debe tomarse en cuenta que puede ser **descriptivo** o **explicativo**. Los conceptos explicativos tienen por categoría central a la categoría causa con su complemento correlativo efecto. Son apropiados para el estudio de los fenómenos naturales tales como los fenómenos físicos, químicos y biológicos.

¿Cuáles son los componentes elementales del Mapa del Tesoro del Conocimiento?

Dos son los componentes que constituyen el Mapa del Tesoro del Conocimiento:

- **Preguntas sistemáticas** y
- **Categorías conceptuales**

Son como dos *piernas* que sostuvieran el conocimiento. *Las categorías conceptuales son respuestas a preguntas específicas,* aunque no se hagan explícitamente.

¿De qué está constituido este Mapa del Tesoro del Conocimiento?

Desde un punto de vista **gráfico**, el Círculo está compuesto por doce (12) CÍRCULOS que circundan el círculo central, el cual contiene el objeto de estudio, el concepto, el hecho, el fenómeno, el problema, la decisión, el asunto a trabajar. Si es un problema, se define si el problema a trabajar es teórico o práctico. Es diferente si quiero razonar una decisión que estudiar un tema. Sin embargo, estos dos puntos no están desligados pues para resolver un problema teórico o práctico requiero necesariamente de conocimientos. Por ejemplo, si es un problema real, mis dos preguntas que me puedo hacer sobre ese problema específico:

MAPA DEL TESORO DEL CONOCIMIENTO
Heurístico

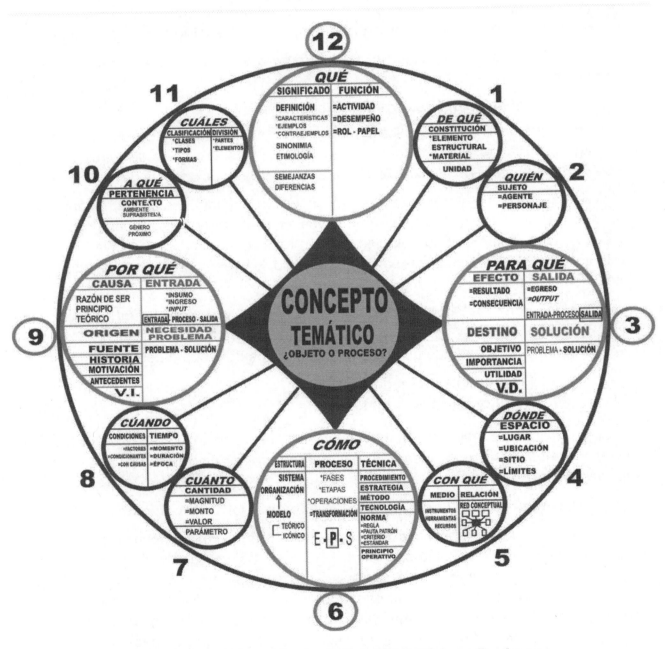

Fuente: elaboración Juan Cristóbal Chávez Pacheco
© 2020. Todos los derechos reservados.

MAPA DEL TESORO DEL CONOCIMIENTO
Categorial

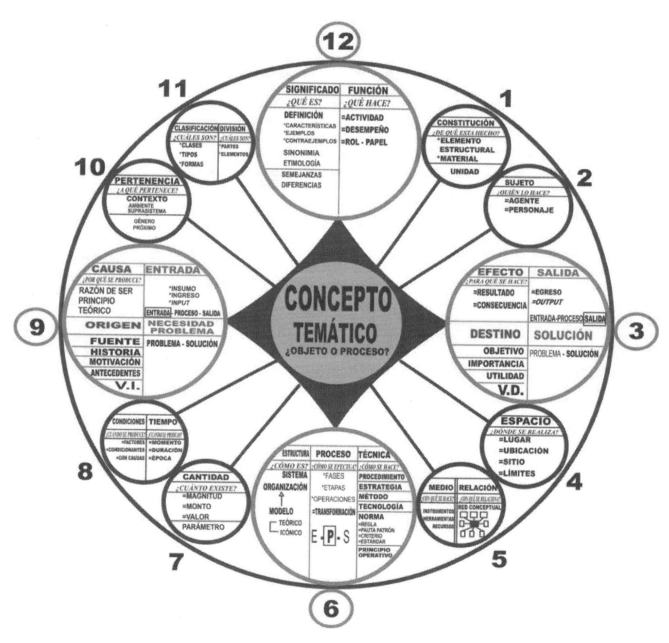

Fuente: elaboración Juan Cristóbal Chávez Pacheco
© 2020. Todos los derechos reservados.

> • *¿Qué información/conocimientos tengo yo sobre este problema?*
>
> • *¿Qué información/conocimiento requiero sobre este problema?*

La resolución de todo problema importante requiere necesariamente de información/conocimientos. Recabar o recordar información o conocimientos puede hacerse con el Mapa del Tesoro del Conocimiento Heurístico. Resulta muy útil. Da pistas para la resolución del problema.

La ESTRUCTURA de cada uno de los 12 círculos es la siguiente:

EN EL PRIMER NIVEL de cada uno de los 12 círculos se ha ubicado un PRONOMBRE **INTERROGATIVO** como, por ejemplo: **QUÉ, CÓMO, POR QUÉ, PARA QUÉ...** Con esos pronombres interrogativos se forman preguntas completas. El mero pronombre interrogativo no tiene ni sentido ni significado. Sólo las oraciones tienen significado.

En el nivel inferior de los pronombres interrogativos se ubican las CATEGORÍAS GENERALES básicas: 20. En el siguiente nivel están las categorías alternativas a la categoría principal o general; constituyen el término conceptual más adecuado de acuerdo con la disciplina en estudio.

EN EL SEGUNDO NIVEL de los 12 círculos se ubican las CATEGORIAS CONCEPTUALES generales.

- En 4 círculos aparece una sola categoría:
    - A qué: PERTENENCIA
    - De qué: CONSTITUCIÓN
    - Dónde: LUGAR
    - Cuánto: CANTIDAD
- En 5 Círculos aparecen 2 CATEGORÍAS CONCEPTUALES
    - Cuáles: CLASIFICACIÓN/ DIVISIÓN
    - Qué: SIGNIFICADO// FUNCIÓN
    - Con qué: MEDIO// RELACIÓN
    - Cuando: CONDICIÓN// TIEMPO
    - Cuáles: CLASIFICACIÓN/ DIVISIÓN

- En 1 Círculo aparecen 3 Categorías
  - Cómo: ESTRUCTURA// PROCESO// TÉCNICA
- En 2 Círculos aparecen 2 Categorías
  - Por qué: CAUSA/ ORIGEN// ENTRADA//PROBLEMA-NECESIDAD/
  - Para qué: EFECTO

Las preguntas junto con sus categorías concomitantes constituyen un ESQUEMA DE INDAGACIÓN BÁSICO, el cual sirve para estudiar un Objeto/Concepto determinado, una decisión, desde luego, en una determinada disciplina puede existir otras categorías distintas a las señaladas en el Círculo.

¿Cómo se interpreta el Mapa del Tesoro del Conocimiento para utilizarlo?

El Mapa tiene una ESTRUCTURA, con diferentes diadas complementarias, relaciones. Facilita la exploración de diferentes RUTAS SEMÁNTICAS. En el centro hay un círculo circundado con 12 círculos que contienen CATEGORÍAS con sus respectivas PREGUNTAS. En algunos casos, los círculos contienen varias categorías, como por ejemplo los círculos con los números 12, 3, 5, 6, 8, 9 y 11. Se hace una explicación de ellos.

Para facilitar la lectura del Mapa, en primer lugar, puede verse como un **reloj** análogo con 12 horas, de las cuales cuatro horas funcionan como las **columnas** de un edificio: las **12**, las **6**, las **3** y las **9**. Cada círculo es encabezado por un PRONOMBRE INTERROGATIVO: hay **12** pronombres interrogativos que se desarrollan dentro de cada círculo. En segundo lugar, destacan **4** pronombres interrogativos básicos que se pueden ver como las columnas de un edificio y sirven como los **puntos cardinales**, los cuales sirven de **referencia** y están en las **12, 6, 3 y 9**. De esta manera encontramos los dos **ejes** fundamentales, uno **vertical** y otro **horizontal**, formando una cruz:

En el caso de los conceptos EXPLICATIVOS, el **eje** más importante es la **diada** del POR QUÉ -- PARA QUÉ, el eje de la categoría conceptual de CAUSA-EFECTO, es necesario explicitarla claramente y a partir de y en relación con ella relacionar otras categorías con preguntas. Se puede completar con la técnica de la espina de pescado. Con respecto al fenómeno físico de la **ebullición** del agua y con ayuda de algún material que puede buscar en Google responda cuál es la causa del fenómeno la ebullición del agua y cuál es su efecto.

Las 12 preguntas dan lugar a 23 categorías **generales** o **categorías tipo**, las cuales tienen sus especificidades según la disciplina u otras diferentes, en todo caso siempre se encontrarán categorías, las cuales pueden ser identificadas, definidas, aunque no definitivas. Esto aliviaría en mucho la carga de la memorización semántica de información importante dispersa y permitiría facilitar al aprendiz un *aprender-para-sí*.

Los círculos pueden contener dos categorías conceptuales diferentes semánticamente, pero se construyen con el mismo pronombre interrogativo. Por ejemplo, el círculo con el pronombre interrogativo CUÁNDO contiene dos categorías conceptuales diferentes: TIEMPO y CONDICIONES. Se agrupan porque se pueden preguntar con el mismo pronombre interrogativo.

- TIEMPO: *¿**Cuándo** se inventó la pólvora?*
- CONDICIONES   *¿**Cuándo** se puede **producir** la hepatitis?*

El pronombre interrogativo POR QUÉ da lugar a 2 grupos de categorías principales representadas por los colores rojo y verde. (Véase el Círculo) En rojo están dos categorías: CAUSA y ORIGEN que presentan diferencias en su contenido y fuerza. Sin embargo, tienen un núcleo semántico común.

Nótese en los siguientes ejemplos que esas categorías pueden preguntarse de 2 formas diferentes:

CAUSA:

*¿**Por qué** se produce el **O**bjeto X?*   FORMA NATURAL

*¿Cuál es la **causa** del **O**bjeto X?*   FORMA PARAFRASEADA

ORIGEN:

*¿**Por qué** se originó el **O**bjeto X?*   FORMA NATURAL

*¿Cuál es el **origen** del O X?*   FORMA PARAFRASEADA

Las Categorías conceptuales CAUSA y ORIGEN tienen un núcleo semántico común. Sus preguntas se formulan de dos formas diferentes con el mismo significado. La primera pregunta se formula con el pronombre interrogativo POR QUÉ. La segunda pregunta se elabora con la misma categoría conceptual y no aparece el pronombre por qué. Esto es válido para todas las **preguntas categoriales**.

Hemos llamado preguntas **naturales** a aquellas que se formulan con el pronombre interrogativo preciso y preguntas **parafraseadas** a aquellas que se formulan con el nombre de la misma Categoría conceptual. Se sugiere formular las preguntas con las dos formas, pues proporciona una mejor idea del SIGNIFICADO DE LA PREGUNTA, lo cual es un objetivo de la formulación de preguntas.

Recuérdese que dos son los elementos implicados en esta técnica: preguntas y categorías y lo que se trata es **de develar la categoría implicada en la pregunta.**

La categoría general CAUSA contiene dos conceptos que pueden tomarse como **sinónimos**: RAZÓN DE SER y PRINCIPIO TEÓRICO.

En el círculo POR QUÉ, en verde, están incluidas dos categorías adicionales: ENTRADA y PROBLEMA. (Véase el Círculo). Estas dos Categorías conceptuales están en otra dimensión del conocimiento, pero tienen una comunidad semántica con CAUSA: ENTRADA

El pronombre interrogativo PARA QUÉ da lugar a 2 **grupos** de categorías, las cuales se subdividen en otras dos y corresponden estrictamente una a una a las categorías del POR QUÉ. En la Categoría conceptual DESTINO están incluidas las Categorías conceptuales OBJETIVO, IMPORTANCIA, UTILIDAD.

A cada categoría del lado izquierdo le corresponde una categoría complementaria –no opuesta- del lado derecho. Por ejemplo: a CAUSA - *rojo* le corresponde EFECTO - *verde*, a rojo - PROBLEMA le corresponde SOLUCIÓN - *verde*.

Para un **O**bjeto determinado solamente es seleccionable una de las cuatro categorías.

El pronombre interrogativo QUÉ da lugar a dos categorías conceptuales diferentes, pero relacionables: (1) SIGNIFICADO Y (2) ESTRUCTURA.

1. SIGNIFICADO

En esta Categoría conceptual se deslinda la dualidad Objeto/concepto. La primera pregunta a continuación es sobre el Objeto como tal; la segunda, sobre el concepto del objeto:

- *¿QUÉ **es** el **Objeto** X?:* NATURALEZA
- *¿QUÉ **significado** tiene el término conceptual X?:* SIGNIFICADO

2. ESTRUCTURA

- *¿QUÉ **estructura** es o tiene el Objeto X?*: **ESTRUCTURA**
- **Se puede preguntar** también de la siguiente manera: *¿Cómo es el Objeto X?*

ESTRUCTURA tiene como Categoría conceptual **correlativa** a FUNCIÓN y deben verse en relación.

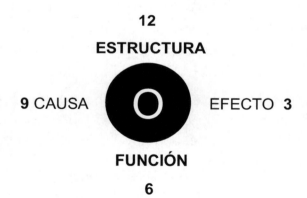

12

ESTRUCTURA

9 CAUSA   O   EFECTO **3**

FUNCIÓN

6

El **pronombre interrogativo** CÓMO da lugar a 3 preguntas generales y a 3 Categorías conceptuales _diferentes_, pero relacionadas que responden al término CÓMO.

- *¿CÓMO se realiza el Objeto X en el **tiempo**?*: PROCESO
- *¿CÓMO se **hace** o **produce** el **O**bjeto X?*: TÉCNICA
- *¿CÓMO **funciona/opera** el Objeto X?:* FUNCIÓNAMIENTO

Para ser más preciso, esta Categoría conceptual incluye 2 expresiones categoriales íntimamente relacionadas:

- ○ ¿Qué **hace** el **O**bjeto X?: FUNCIÓN

- ○ ¿Cómo **funciona/opera** el **O** X?: FUNCIONAMIENTO

Estas preguntas se formulan sobre **O**bjetos, no sobre términos conceptuales.

En general, el término CÓMO implica la idea de **actividad**, la cual es su **núcleo semántico**. Existen relaciones entre estas categorías correlativas, pues una estructura, un sistema creado por el hombre se realiza mediante técnicas, métodos en un proceso compuesto por fases.

Las preguntas-categorías permiten variadas relaciones, no solo las relaciones por pares complementarios con variados **recorridos semánticos**. Facilita la **búsqueda semántica**.

2.3 COMPARACIÓN DEL MAPA DEL TESORO DEL CONOCIMIENTO CON OTRAS TÉCNICAS COGNITIVAS

Para entender mejor el Mapa del Tesoro del Conocimientos Heurístico-Categorial se comparará con cuatro instrumentos cognitivos: (1) con un grafo sencillo: el **Círculo de preguntas** y (2) con tres formas de representación del conocimiento: **el mapa semántico, el mapa conceptual, el mapa mental**, por cuanto estos son redes semánticas y, además, son los más relevantes.

Estos mapas son utilizados fundamentalmente en el aprendizaje. No son propiamente técnicas de razonamiento. El Círculo heurístico tiene en común con ellos es que son Redes Semánticas.

*El Mapa del Tesoro del Conocimiento Heurístico-Categorial **no** los sustituye, sino les proporciona un esquema para elaborarlos.*

Las comparaciones que se formulan a continuación sirven para entender la naturaleza de este instrumento.

Comparación del Mapa del Tesoro del Conocimiento Heurístico-Categorial con el Círculo de Preguntas

Fortalezas del Círculo de Preguntas:

- o Constituye un desarrollo más sistemático que la lista de los 7 pronombres interrogativos del hexámetro de Boecio/Quintiliano y las 5WH del lead y de la enumeración de Rudyard Kipling. Uno de los círculos conocidos agrega un pronombre interrogativo: **para qué** con *una* categoría conceptual.
- o Quizá *permitiría* relacionar algunos aspectos o categorías de un concepto temático dado, pero esto no se plantea en este grafo.
- o Permite visualizar *potenciales* relaciones entre las categorías conceptuales, pero no se desarrollan.
- o Permite obtener una información básica de un concepto.

Debilidades comparativas del Círculo de Preguntas:

- o Es un grafo semántico muy simple. Carece de una técnica de manejo, Carece de una fundamentación teórica. Es muy esquemático.
- o Se formula con base a **pronombres interrogativos** (8) pero no de preguntas completas, explícitas. Presenta solamente una lista de 8 **pronombres interrogativos**.
- o No tiene una estructura como tal.
- o Sólo presenta el nombre o denominación de la categoría general para cada pronombre interrogativo. No desarrolla su significado.
- o El número limitado de categorías incluidas, 8, no permite explorar la riqueza de información que tienen los conceptos científicos que se aprenden en la educación. Es sumamente *esquemático* para construir un concepto.
- o Carece de estructura reconocible y de pautas de relaciones semánticas entre las categorías, por lo que no estimula el establecimiento de relaciones entre los diferentes aspectos de un objeto/concepto.
- o Carece de definición de las categorías.
- o No incluye la categoría **efecto**, por lo que no permite discernir la importante relación causa-efecto en el análisis de conceptos científicos escolares.
- o Carece de un planteamiento de definición de las posibles **relaciones semánticas** entre las categorías

<u>Ventajas comparativas del Mapa del Tesoro del Conocimiento Categorial-Heurístico con el Círculo de Preguntas</u>

- o Parte de **12 pronombres interrogativos** que permiten desarrollar **23** preguntas *básicas* sobre un concepto determinado, con otras tantas categorías.
- o Tiene una organización que permite relacionar las categorías.
- o Facilita diversos recorridos semánticos
- o Permite discriminar si se trata de un conocimiento descriptivo o explicativo. Si es explicativo permite establecer diferencias y relaciones entre causa y efecto del fenómeno-concepto.
- o Ofrece un **alfabeto** de las Categorías conceptuales con una breve explicación de cada categoría. Es inédito.
- o Tiene un fundamento teórico.
- o Estimula la **procognición**: proporciona un esquema básico de investigación de objetos, problemas, decisiones...
- o Permite analizar/**razonar** hechos, situaciones, problemas, decisiones.

Comparación del Mapa del Tesoro del Conocimiento Heurístico-Categorial con el Mapa Semántico y el Mapa Mental

---

<u>Fortalezas del Mapa Semántico y del Mapa Mental</u>

- o El mapa mental constituye una técnica bien desarrollada, no es solo simple grafo semántico como el caso del Círculo de preguntas. Expresión de ello es que proporciona instrucciones apropiadas para su uso.
- o Tanto el mapa semántico como el mapa mental permiten el pensamiento **irradiante**, lo que permite destacar claramente el tema o, mejor dicho, el concepto temático en estudio, el cual se ubica claramente en el centro.
- o Sirven para desarrollar un concepto temático específico, que en general es llamado *tema*.
- o Ambos proporcionan una **visión de conjunto** de diferentes aspectos de un concepto temático dado.
- o Son **radiales**, lo cual les permite *potencialmente* relacionar diferentes aspectos/categorías del concepto temático o al menos visualizarlos.
- o Estimula la construcción de significados en el aprendizaje declarativo-explicativo.
- o Por su presentación, *sugieren* que un concepto dado tiene diversas categorías conceptuales.
- o Permiten la **metacognición**.

<u>Debilidades del Mapa Semántico y el Mapa Mental en comparación con el Mapa del Tesoro del Conocimiento Heurístico-Categorial</u>

- o Ambos carecen de un **esquema** de **indagación** básico previo que proporcione una guía que permita seleccionar y organizar los aspectos o **categorías** conceptuales.
- o No permite la **procognición**, esto es, **no** es un mapa que sirva para conducir el aprendizaje o para la solución de problemas.
- o No desarrollan las importantes proposiciones, como en el caso de los mapas conceptuales de Novak.
- o Se utiliza en forma posterior al aprendizaje, más como medio de metacognición

<u>Ventajas comparativas del Mapa del Tesoro del Conocimiento Heurístico-Categorial con el Mapa Semántico y el Mapa Mental</u>

- o Es **radial,** lo cual permite la **reticularidad,** es decir razonar en **red**, estableciendo relaciones, que permiten al cerebro producir soluciones espontáneas.
- o Se centra en la estructura propia del conocimiento científico, lo cual proporciona información para solucionar problemas.
- o Proporciona un **esquema de indagación anticipado**, lo cual permite una **procognición** y la independencia de un enseñante. Funciona como una RED COGNITIVA para "pescar" las unidades semánticas de una estructura.
- o Permite la metacognición
- o **Facilita la elaboración de los mapas semánticos, conceptuales y mentales, sirviéndoles del base, dada su naturaleza.**

APÉNDICE

¿Qué es el Método **RATIONAL THINKING 360**?

DEFINICIÓN

En conjunto ofrecemos un método de **razonamiento** que *acelera* de manera intensa y continua competencias para buscar, seleccionar, manejar y adquirir **conocimientos**, a fin de utilizarlos en la **solución racional de problemas,** propios de actividades profesionales y de otros campos.

DESCRIPCIÓN

El Método RATIONAL THINKING 360 mediante un conjunto de técnicas como: El **Método de la Película del Conocimiento**, el **Mapa del Tesoro del Conocimiento** y herramientas cognitivas estimula de manera sumamente práctica el imprescindible talento del razonamiento. Este razonamiento práctico se convierte en un medio no sólo para aprender/crear conocimientos, sino que facilita la capacidad de solucionar problemas y el aprendizaje de competencias profesionales.

Saber pensar es un talento indispensable no sólo para aprender sino para competir en un cada vez más difícil mercado laboral. Dada la naturaleza de este método, puede servir para potenciar cualquier competencia blanda o cualquier procedimiento cognitivo. No choca ni suplanta ninguna técnica o método cognitiva en el campo del aprendizaje o en el campo laboral. Además, este método puede servir para facilitar el desarrollo de otros talentos necesarios para la vida profesional.

FUNDAMENTACIÓN

De acuerdo con las investigaciones de la Neurociencia cognitiva y confirmada por el *Brain Blue Proyect,* nuestro cerebro posee un potencial práctico…infinito. Según ese gran hallazgo científico reciente, cuando el cerebro procesa información crea estructuras de hasta 11 dimensiones. Sin embargo, esa capacidad extraordinaria del cerebro no ha sido todavía debidamente aprovechada y sigue como potencial.

El aprendizaje, el razonamiento y diversos talentos requieren una integración armoniosa de las funciones mentales **con** las funciones cerebrales. Se citan mucho las conexiones sinápticas que requiere el aprendizaje, pero no se destaca que las conexiones sinápticas funcionan en **redes neuronales**. El primero de nuestros métodos lo denominamos RATIONAL THINKING 360, este método ofrece una manera de realizar la actividad mental en **redes** semánticas. Debido a la armonización de las funciones mentales con las funciones cerebrales, con este método las capacidades naturales de atención, concentración, comprensión y memoria semántica se aceleran muy notablemente. De esta manera se realiza un razonamiento mucho más eficaz, productivo y un mejoramiento muy apreciable en el aprendizaje y en la solución de problemas.

¿En qué se fundamenta el Método RATIONAL THINKING 360?

El método tiene una fundamentación muy amplia. Se fundamenta en una diversidad de **ciencias**, **disciplinas** y **técnicas.** Entre las disciplinas de fundamento están:

- Neurociencia Cognitiva
- Filosofía
- Epistemología
- Lógica
- Psicología
- Pedagogía

Una fuente de trabajo ha sido la teoría y técnica de **Redes Semánticas** creadas por QUILLIAM y COLLINS, que ha tenido un amplio uso en computación.

¿Por qué razones se creó el método RATIONAL THINKING 360?

Por diversas razones. Estamos en la Sociedad del Conocimiento, en la Era del Conocimiento. El conocimiento y el razonamiento se han convertido como nunca en herramientas indispensables para la vida laboral en general, empresarial y para todos los aspectos de la vida. Por tal razón Drucker denominó a los trabajadores de la Sociedad del conocimiento **trabajadores del conocimiento**.

El fenómeno VUCA (volatilidad, incertidumbre, complejidad y ambigüedad) que caracterizaba ya a los entornos organizacionales se ha agudizado intensamente con la pandemia.

En este contexto, la existencia de la Inteligencia Artificial y su desarrollo constante, los cambios tecnológicos en la industria y los servicios y los efectos de la pandemia en las economías del mundo, hacen un mercado laboral extremadamente competitivo. Los *learners* deben ser más y más autónomos y ellos, los profesionales, emprendedores, ejecutivos deben desarrollar habilidades cognitivas para aprender y resolver problemas en forma eficaz y cada vez más rápidamente, deben saber idear estrategias adecuadas para resolver esos problemas, implementarlas y luego evaluar tanto sus resultados como sus procesos.

¿Qué características tiene el método RATIONAL THINKING 360?

- Amigable, natural, lógica, entretenida, eficaz.
- Por su naturaleza puede servir de *input* o de **base** para cualquier técnica, método, competencia blanda o modelo de tipo **cognitivo**.
- Puede servir para potenciarlas. No las sustituye ni tampoco colide.
- No sólo sirve para construir conocimientos sino para crearlos mediante el razonamiento.
- Es versátil: tiene diversas aplicaciones.

¿Qué ganancias <u>específicas</u> se obtienen con la aplicación del método RATIONAL THINKING 360?

Se entiende que es una técnica amplia y con ella se pueden obtener diversos resultados positivos.

- Aumenta en forma *simultánea* e *intensiva* las capacidades naturales de atención, concentración, comprensión y la memoria semántica.
- Mejora la capacidad de memorizar información tanto fáctica como abstracta.
- Aumenta la motivación por el conocimiento y el aprendizaje.
- Facilita el planteamiento y la solución de problemas utilizando el razonamiento y los conocimientos aprendidos con sus técnicas. Pensamiento heurístico.
- Capacita para la organización de información en Categorías, lo cual facilita el procesamiento de información. Pensamiento Categorial.
- Estimula debidamente el razonamiento en redes. Pensamiento reticular.
- Capacita para la organización de información mediante el pensamiento categorial.
- Capacita la competencia para distinguir claramente la información secundaria de la información valiosa y a manejar esa información.
- Facilita el aprendizaje de conocimientos valiosos, lo cual permite que puedan ser aplicados.
- Facilita relacionar conceptos, ideas, situaciones tanto para la adquisición/creación de conocimientos como para la solución de problemas.
- Facilita la búsqueda de información. Búsqueda autónoma de información.

- Permite el manejo de volúmenes de conocimientos y a crear conocimientos a partir de ellos mediante el razonamiento.
- Estimula el pensamiento creativo en su dimensión racional.
- Es un input adecuado para el desarrollo de otras competencias y talentos.

¿A quiénes les puede servir el Método RATIONAL THINKING 360?

Por ser un Método conformada con técnicas estratégicas puede servir para diversas actividades profesionales. En primer lugar, puede ser útil a estudiantes, profesores e investigadores. Por ser un método que ofrece técnicas estratégicas puede servir a diversos profesionales, escritores, mercadólogos, gerentes, investigadores, emprendedores y empresarios. A cualquier trabajador del conocimiento. Para cualquier persona que requiera buscar, aprender y aplicar conocimientos con suma efectividad mediante un pensamiento racional efectivo.

¿Hay personas que han usado el Método RATIONAL THINKING 360?

Si. Estudiantes, profesores, médicos, ingenieros, abogados, diseñadores y otros profesionales; emprendedores, ejecutivos.

¿El Mapa del Tesoro del Conocimiento que se usa en el Método RATIONAL THINKING 360 tiene antecedentes y similitudes con otras técnicas cognitiva?

El Mapa del Tesoro del Conocimiento tiene fundamentos teóricos y antecedentes que han alimentado este método en todas sus partes. Sin esos fundamentos y esos antecedentes hubiera sido imposible formular la técnica Heurística-Categorial. Es adecuada la frase de Ambrose Bierce: *No hay nuevo nada bajo el sol, pero cuántas cosas viejas que no conocemos.* Los elementos con los que se construyeron el Mapa del Tesoro del Conocimiento son algunas partes viejas y otros modernos. La creatividad consiste en asociar o relacionar ideas conocidas y producir una solución original, como es el caso.

Con elementos conocidos, algunos provenientes de la antigüedad clásica como las Categorías de Aristóteles y la Mayéutica Socrática, y otros contemporáneos como la Lingüística del texto de Van Dijt, de la Neurociencia y otros más, se han desarrollado esta técnica estratégica, con una estructura novedosa y potencialmente muy efectiva. El resultado de esas asociaciones mencionadas anteriormente y el desarrollo de esos elementos en el **Mapa del Tesoro del Conocimiento,** se logra un importante resultado al momento de aplicar el **Método RATIONAL THINKING 360**. Es decir, la estructura total es novedosa.

El proyecto MY TALENT 360

Incluye tres métodos estratégicos. Son **estratégicos** porque, debido a que, al trabajar sobre las estructuras del **conocimiento** y sobre el razonamiento, constituyen una base necesaria de cualquier técnica cognitiva, competencia blanda y técnica de aprendizaje de conocimientos.

METODO: Rational Thinking 360

Es un curso de **razonamiento** que permite, en primer lugar, aprender conocimientos declarativos/explicativos y, en segundo lugar, resolver problemas, mediante un **esquema de indagación básico** en **red**, un **Mapa** que trabaja cómo funciona el cerebro/mente de acuerdo con el modelo de procesamiento de información. Esa red es muy estructurada, conformada por preguntas/categorías, correspondiendo al principio de codificación y almacenamiento de información del cerebro. Proporciona un alfabeto de las Categorías conceptuales y de las **relaciones semánticas**, varias de ellas presentes en el modelo de las REDES SEMÁNTICAS utilizado en la computación.

El Mapa del Tesoro del Conocimiento en el Método Rational Thinking 360, permite aumentar en forma *simultánea* e *intensiva* la capacidad cerebro/mental de atención, concentración, comprensión y memoria semántica. Mejora la capacidad de analizar y relacionar información, lo cual al hacerse en red garantiza mejores resultados. Permite crear conocimientos. Permite organizar información y categorizarla para un buen uso.

Tiene dos libros de soporte:
La clave ignorada del conocimiento (Obra teórica-práctica)
El tesoro perdido del homo sapiens: el conocimiento

TÉCNICA 1: Técnica de los **principios teóricos y las reglas operativas**

Permite buscar adecuadamente información relevante, principios, y manejar volúmenes importantes de información. Permite diferenciar información importante de la no relevante tanto en forma textual como contextual. Esto facilita una memoria semántica de la información importante o principios y, eventualmente una **solución de problemas** efectivo.

Las bases de estas técnicas son, por un lado, la ciencia de la Lógica y los principios de la moderna Lingüística del texto, entre otros.

Libro de soporte:
Manual para náufragos en el Océano de conocimientos

TÉCNICA 2: Técnica de la **Analogía** y **las metáforas**

permite estimular el pensamiento y la solución de problemas mediante analogías y metáforas. Es un tipo de pensamiento muy especial del ser humano, empleado no sólo en la literatura sino en la ciencia y por los científicos más de lo que se pueda pensar. Ejemplos: en el primer caso, la analogía del cerebro como una computadora; en el segundo Einstein y su utilización de la analogía. Desarrolla el pensamiento analógico muy útil para comprender conocimientos abstractos y solucionar problemas. Es un medio adecuado para desarrollar el pensamiento creativo.

Libro de soporte:
Cómo piensan los genios. El caso de Einstein

Estas técnicas propician, **sobre todo**, el **razonamiento en forma reticular y categorial** para contribuir a formar *learners* **autónomos** y profesionales eficaces que sepan buscar y aprender la información científica hoy disponible en diferentes formas, físicas o virtuales y eventualmente capaces de **solucionar problemas** profesionales. Así mismo, se estimula una apropiada **actitud reflexiva** ante el conocimiento y ante la vida.

Se han previsto 4 ETAPAS para este **PROYECTO MY TALENT 360**.

La PRIMERA
- Creación de nuestra **Web eCommerce** y **Online Learning Platforms.**
- Publicación del 1° libro **"La Clave Ignorada del Conocimiento".**
- Creación del **Curso Online RATIONAL THINKING 360** que consta de tres partes (Essential, Advanced, Professional) y cursos adicionales.

La SEGUNDA
- La creación de un juego interactivo para el **Curso I Online KIDS**.
- Iniciación de la edición y estilo del 2° libro **"Manual para náufragos en el Océano de Conocimientos".**

La TERCERA
- Iniciación de la edición y estilo del 3° libro **"Como Piensan los Genios. El Caso de Einstein".**
- Creación de los **Cursos Online de los PRINCIPIOS TEÓRICOS Y LAS REGLAS OPERATIVAS 360** y **EL PODER DEL LENGUAJE DE LAS METÁFORAS Y LAS ANALOGÍAS 360**.

La CUARTA
- Creación de un **SOFTWARE DE GESTIÓN DEL CONOCIMIENTO** con la estructura de los tres Libros y los tres Cursos antes mencionados.

Esto implica la creación y utilización de una **Plataforma de Cursos y Software Online** que permitirá difundir estos métodos y técnicas en la escuela online **MY TALENT 360**.

BIBLIOGRAFÍA

Abbagnano, N. (1963) **Diccionario de filosofía.** Fondo de Cultura Económica: México.

Acin, A. y Acin, E. (2016) **Persiguiendo a Einstein.** Impresa Ibérica. España.

ARISTÓTELES. (2001) **Tratados de lógica: el Órganon.** Editorial Porrúa. México.

Ausubel, D., Novak, J. (1983) **Psicología educativa.** Trillas: México.

Araujo e Oliveira, J. B (1976) **Tecnología educacional y teorías de instrucción.** Paidós: Buenos Aires.

Bauman, Z. (2002) **Modernidad líquida.** Fondo de Cultura Económica. México

Bertalanffy, L. (1976) **Teoría General de los Sistemas.** Fondo de Cultura Económica. México.

Briceño Guerrero, J. M. (1987) **Amor y terror de las palabras.** Editorial Mandorla. Caracas.

Brown, Stuart y otros. (1998) **Cien filósofos del siglo XX.** Diana: México.

Bruner, J. (1978) **El proceso mental en el aprendizaje.** Ediciones Narcea. Madrid.

Bruner, J. (1969) **Hacia una teoría de la instrucción.** UTEHA: México.

Bunge, M. (2013) **La ciencia, su método y su filosofía.** Editorial Laeloli. Pamplona-España.

Burk, I. (1969) **Filosofía.** Caracas.

Buzan, T. (1996) **El libro de los mapas mentales.** Ediciones Urano.

Campos Arenas, A. (2005) **Mapas Conceptuales, Mapas Mentales y otras formas de representación del conocimiento.** Cooperativa Editorial Magisterio. Bogotá.

Caraballo, J. A. (2005) **Manual de terapéutica en medicina interna.** Tomo I. Consejo de Publicaciones Universidad de Los Andes, Mérida. Venezuela.

Carballo, A. y Portero M. (2018) **10 ideas clave neurociencia y educación. Aportaciones para el aula.** Editorial Graó. Barcelona.

Copi, I. (1961) **Introducción a la lógica.** Eudeba. Buenos Aires.

Copleston, F. (2004) **Historia de la Filosofía 1.** Grecia y Roma. Ariel Filosofía. Barcelona.

Coronas Alonso, R. (1983) **Análisis conductual del aprendizaje verbal.** Trillas. México.

Cordero Borjas, A. E. y García Fernández, F. (2008). *«Knowledge Management and Work Teams»* Observatorio Laboral Revista Venezolana, 43-64.

Damásio, A. (2005) **El error de Descartes.** Editorial Pingüino. España.

Deaño, A. (1974) **Introducción a la lógica**. Alianza Universidad. Madrid.

Deleuze, G. y Guattari, F. (1994) **Mil mesetas. Capitalismo y esquizofrenia**. Editorial Pre-Textos. Valencia-España.

Díaz-Barriga, F. (2002) **Estrategias docentes para un aprendizaje significativo**. McGraw Hill. México.

Dobelli, R. (2016) **El arte de pensar**. Ediciones B. Barcelona.

Echeverría (2015) **Ontología del lenguaje**. Granica. Buenos Aires.

Escalante, G. (1991) **Aprender con PIAGET**. Consejo de Publicaciones Universidad de Los Andes. Mérida-Venezuela.

Fernández Pacheco, N. (2012) **Filosofía Occidental antigua**. Griega, helenística y grecolatina. Mérida-Venezuela.

Ferrater Mora, J. (1994) **Diccionario de Filosofía**. Editorial Ariel. Barcelona.

Frondizi, R. (2010) **¿Qué son los valores?** Introducción a la axiología. Fondo de Cultura Económica. México.

Gagné, R. (1979) **Las condiciones del aprendizaje**. Nueva Editorial Interamericana. México.

Gagné, R, (1974) **Principios básicos del aprendizaje para la instrucción**. Editorial Diana. México.

Gardner, H. (2011) **Inteligencias múltiples**. Editorial Paidos Ibérica. Barcelona.

Goleman, D. (1996) **Inteligencia emocional**. Editorial Kairos. Barcelona.

Gorski, D. P. (1961) **Lógica**. Editorial Grijalbo. México.

Hawking, S y Moldinow, L. **El gran desafío**. Crítica. Barcelona.

Heimlich, J. y Pittelman, S. (2001) **Elaboración de mapas semánticos como estrategia de aprendizaje**. Trillas. México.

Hessen, J. **Teoría del conocimiento**. Editorial Losada.

Hernández Forte, V. (2005) **Mapas conceptuales**. *La gestión del conocimiento en la didáctica*. Alfaomega. México.

Huerta Ibarra, J. (1977) **Organización psicológica de las experiencias de aprendizaje.** Trillas. México.

Kaku, M. (2015) **El futuro de nuestra mente.** Grupo editorial Penguin Random house. Lima-Perú.

Klausmeier, H. J. (1977) **Psicología educativa: habilidades humanas y aprendizaje.** Editorial TEC-CIEN. México.

Maldonado V., F. **La distinción epistemológica entre los niveles lingüístico, conceptual y fáctico.** CEPSAL. ULA. Año I No. 1, 1987.

Marías, J. (1980) **Historia de la filosofía.** Revista de Occidente. Madrid.

Maturana, H. y Varela F. (2003) **El árbol del conocimiento. Las bases biológicas del entendimiento humano.** Lumen/Editorial Universitaria. Buenos Aires.

McKenzie, J. Ed.D. (2005) **Learning to Question to Wonder.** Bellingham. Washington.

Morin, E. (1999) **El Método III. El conocimiento del conocimiento.** Ediciones Cátedra: Madrid.

Morin, E. (2000) **Los siete saberes necesarios a la educación del futuro.** Publicaciones del IESALC/UNESCO.

Noha Harari, Y. (2016) **Homo Deus.** Editorial Debate: México.

Novak, J. y Gowin, B. (1988) **Aprendiendo a aprender.** Martínez Roca. Barcelona.

Perdomo M., R. (2001) **Cómo enseñar con base en principios éticos.** Consejo de Publicaciones Universidad de Los Andes: Mérida-Venezuela.

Perdomo M., R. (1988) **Lógica pragmática.** Consejo de Publicaciones Universidad de Los Andes: Mérida-Venezuela.

Phillips, J. (1977) **Los orígenes del intelecto según PIAGET.** Editorial Fontanela: Barcelona.

Piaget, J. (1961) **La formación del símbolo en el niño.** Fondo de Cultura Económica: México.

Pozo, J. I. (2006) **Teorías cognitivas del aprendizaje.** Editorial Morata: España.

Rains, G. (2004) **Principios de Neuropsicología humana.** Mc Graw Hil: México.

Redolar, D. (2013) **Neurociencia cognitiva.** PANAMERICANA.

Reif, F. (2010) **Applying Cognitive Science to Education. Cambridge**, MA, The MIT Press.

Riso, W. (2004) **Pensar bien, sentirse bien**. Editorial Norma. Bogotá.

Riso, W. (2016) **Sabiduría emocional**. Editorial Planeta. Caracas.

Rodríguez Lozano, H. (2007) **Apuntes prácticos de lógica formal**. Editorial San Pablo. Caracas.

Russell, B. (1977) **El conocimiento humano**. Editorial Orbis. Barcelona.

Saussure, F. (1945) **Curso de Lingüística general**. Editorial Losada. Bnos. Aires.

Savater, F. **El valor de educar**. (1991) Editorial Ariel. Barcelona.

Smirnof, A. (1978) **Psicología**. Editorial Grijalbo. México.

Skinner, B.F. (1981) **Conducta verbal**. Editorial Trillas. México.

Skinner, B. F. (1977) **Sobre el conductismo**. Fontanella. Barcelona.

Toffler, Alvin. (1973) **El shock del futuro**. Plaza & Janes. Barcelona.

Totter, M. (2000) **Estrategias de superaprendizaje**. Editorial Alfaomega.

Van Dijt. (1992) **La ciencia del texto. Un enfoque interdisciplinario**. Ediciones Paidos. Barcelona.

Vygotsky, L. S. (2008) **Pensamiento y lenguaje. *Teoría del desarrollo cultural de las funciones psíquicas***. Editorial Quinto Sol. México.

Watzlawick, P. (1990) **La realidad inventada**. Gedisa. Barcelona.

P U B L I C A D O P O R:

EDITORIAL 360
www.mytalent360.com
2023

Made in the USA
Columbia, SC
02 October 2024

43350162R00037